職場のストレスが消えるコミュニケーションの教科書

—上司のための「みる・きく・はなす」技術

医師・医学博士
武神健之

きずな出版

はじめに

職場のストレスとどうつき合うか？

「使えない部下に振りまわされる……」
「クライアントのわがままにイライラ……」
「月曜の朝、会社に行くのが憂《ゆう》うつでたまらない……」

いま、多くの人が職場にストレスを抱えています。
20年前には新しかった「パワハラ」や「ブラック企業」という言葉もすっかり定着し、職場のストレスで自殺してしまった、などという悲しい事件も数多く起きています。

働く環境にストレスはつきもの。

ただし**メンタルヘルス不調から、うつ病になり、自殺までしてしまう人が出るような職場にはあきらかに問題があります。**

現場で働く人たちにとっては、どこが問題であるかが見えていないケースが多いのですが、それらを解決するためには〝適切なコミュニケーション〟が必要です。

職場のストレスを消すために、産業医としての立場からコミュニケーションのコツをまとめさせていただいたものが、この一冊です。


本書を上梓させていただいた理由の1つに、時代の変化があります。

それは「ストレスチェック制度」の開始です。2年前から「ストレスチェック制度」が始まりました。

この制度を簡単に説明すると、働く人たちに対し、ストレスの程度を確かめる検査と、その結果に応じた面接指導などの対応をおこなう制度のことです。

2014年6月の労働安全衛生法の改正により、従業員50人以上の事業所を対象にして2015年12月から義務化されました。

働く人が毎年受ける定期健康診断が「身体」の健康診断であるのに対し、ストレスチェックは「心」の健康診断と言っていいでしょう。

うつ病などのメンタルヘルス不調を持つ人が100万人を超えるとも言われている現代、このようなチェックをやることで、各自が自分のストレス具合、つまり心の健康具合に早めに気づき対処し、メンタルヘルス不調者を減らそうというのが新制度の目的にはあります。


私は産業医として、外資系の世界的な大手企業などにおいて年間1000人、通算1万人以上のビジネスパーソンと面談をしています。つまり、現場でさまざまな人のストレスを見ている最前線の人間であると自負しています。

そんな私が、多くの働く人との面談を重ねるなかで会得したのが、本書でお伝えする「みる・きく・はなす」技術です。

いまのところ、ストレスチェックテストによって、本当にメンタルヘルス不調者が減ったという医学的なエビデンス（根拠）はありません。

この流れのなかで、私は自分のクライアント企業に伝えていることがあります。

それは、

「ストレスチェック制度により組織としてメンタルヘルス不調者が減るかどうかはわからない。しかし、各自が自分のストレス具合、心の健康具合を年に1回チェックする〝きっかけ〟にはできる。この〝きっかけ〟を上手に使うことが大切です」

ということです。

そして、ストレスチェック制度にはもう1つの〝きっかけ〟があります。

ストレスチェックテストの結果は、会社によっては個々人の結果がわからないかたちで、たとえば「部署ごとのストレス具合などを知るために、集団分析をしていい」ことになっています。

つまり「この部署は、仕事の量や質、上司や同僚からのサポートなど、どこにスト

レスを感じている人が多いか」ということを分析することができるのです。

部署ごとの結果というのは、その部署のリーダーにとっては、ある意味「成績表」のようなものです。

「集団分析の結果によって、各部署のリーダーを評価することはしてはならない」とされていますが、私の経験上、すべてのリーダーたちは、自分の部署の集団分析結果が気になるようです。

部下との接し方がわからない上司が増えている

実際に産業医面談をしていると「部下との接し方がわからない」と相談に来られる上司の方が増えています。

もちろん彼ら彼女らは、産業医面談の理由を直接そのようには言いません。

しかし、よく聞いてみると、部下との間や部門でのコミュニケーションにストレスを抱えている相談は増えています。

彼ら彼女らが言うには、怒る技術やほめる技術、リーダーシップ研修やメンタルヘルス研修、パワハラ研修などなど、さまざまなノウハウ・技術研修を受けても、効果が出ていない気がするとのこと。

部下を怒れば「パワハラ」と言われ、ほめれば「セクハラ」と敬遠され、自分はこんなにやっているのに……と。

もちろん、そのような相談に来ること自体、問題に気がついているわけですから、気がついていないよりもよっぽどいいことです。

しかしながら話を聞いても、そこに実際に具体的に部下を思う気持ちを感じることができないことが多々あります。

そうです。彼らは「自分」に焦点があり「相手」にはないのです。

リーダーシップのある上司、メンタルヘルス不調者やハラスメント被害者を出さない上司たちは、そのコミュニケーションの焦点は「相手」にあります。

そして、相手を「承認」しています。

承認したうえで、怒ったり、ほめたり、接しているのです。

そこで必要なのが、本書でお伝えさせていただく「みる・きく・はなす」技術です。
技術は誰でも学べます。
そして、繰り返すことで誰でも身につけることができます。

この技術は、あなたがリーダーの立場であっても、または厳しい上司の下につく部下の立場であっても、どんな人にも有用なものになるでしょう。

学校や会社でも教えてくれないこの「みる・きく・はなす」技術について、この本を通してしっかり学んでいただけたら幸いです。

著者

目次

chapter 1

なぜ、ストレスがたまるのか？

chapter
2

みる技術——「知る×説明できる」

chapter 3

きく技術――「認める×気づかせる」

chapter 4

はなす技術――「期待を示す×任せる」

chapter 5

ワンランク上の職場のコミュニケーション

ブックデザイン　池上幸一
協力　合同会社DreamMaker

職場のストレスが消える
コミュニケーションの教科書

――上司のための「みる・きく・はなす」技術

chapter
1

なぜ、ストレスがたまるのか？

ストレスがたまる会社・たまらない会社

これまで産業医として働いてきているなかで、たくさんの組織の人間関係を見てきました。人間関係がうまくいっているところ、うまくいっていないところとさまざまですが、同じような労働環境にあってもメンタルヘルス不調になる人もいれば、ならない人もいます。

いいリーダーシップのもとチームとしてまとまっている会社もあれば、リーダーシップがなく、まとまっていない会社もありました。

一般には、うつ病などメンタルヘルス不調の方ばかりが注目されますが、多くの場合、同じ環境にあっても8～9割の方は元気で健康です。

では**メンタルヘルス不調にならない人たち、元気な人たちに共通すること**は何だろう？　ということに私は注目してきました。

そして元気な人たちの共通項をまとめたのが、私が2015年12月に出版したストレス対策入門書である前著『不安やストレスに悩まされない人が身につけている7つの習慣』（産学社）です。

前著では、どちらかと言えば「セルフケア」と、それを伝えることによる周囲のケアということを目的としていました。

ただ、どんなにセルフケアをしていても会社に行くと上司がいて、心ないひと言でガツンとやられてしまうことはあります。

セルフケアの次に、そこをなんとかしなければならないという思いがありました。

本書でお伝えする「みる・きく・はなす」技術は、私がリーダーシップ研修、管理職研修、メンタルヘルス研修でおこなってきた内容が中心となっています。

メンタルヘルス不調者を出してしまう部署の共通点

毎年多くの方と面談をしていくなかで、先に述べたように同じ環境にあってもメンタルヘルス不調になる人とならない人がいるということのほかに、もう1つ気づいたことがあります。

それは同じ会社内においても、メンタルヘルス不調者やハラスメント被害者が「出る部門」と「出ない部門」があるということです。

たとえばある部署でメンタルヘルス不調者が年に1人出たとしても、それは普通のことで「組織の問題である」とは言えません。

100人いれば何人かが高血圧や高脂血症や糖尿病であるのが不自然でないのと同様に、**メンタルヘルス不調もまた病気である以上、いくらケアをしていても一定の割合でみられるのは当然のことです。**

「メンタルヘルス不調者ゼロを目指せ」とよく言いますが、メンタルヘルス不調になりかけの人が手を挙げにくくなってしまうという面もありますから、決して「ゼロ」を目指す必要はありません。

しかし、もし1つの部署で年に2人以上メンタルヘルス不調者が出たとすると、そういう部署には共通点があります。

その共通点とはたいてい次の2つのうちのどちらかです。

（1）部門の業務が組織全体の仕事のフローのなかで、なんらかのひずみになっている、もしくは大きな負荷がかかっている

（2）その部署にメンタルヘルスに理解のない、あるいはコミュニケーションに難のある上司がいる

これらがメンタルヘルス不調者を複数出してしまう部署の共通点だと、私は感じているわけです。

いいチームは「みる・きく・はなす」技術を自然に使っている

一方どんなに忙しくても、リーダーシップがある上司や、メンタルヘルス不調者やハラスメント被害者を出さない部署もあります。

私はこれまでに多くのビジネスパーソンとやりとりをするなかで、メンタルヘルス不調者やハラスメント被害者を出さない部署のリーダーに共通する傾向を探ってきました。

そして、**コミュニケーションのうまいリーダーの方の多くに共通してできていることを**をまとめたのが、本書のポイントです。

もちろん、そういう方たちが「みる・きく・はなす」技術のすべてを意識して実践しているわけではありません。

しかし少なくとも何か1つはできていて、そのおかげでコミュニケーションが円滑におこなわれ、上司部下の関係やチームメンバー間の関係がうまくいっているという傾向があります。

そのことをあなたにご理解いただき、1つでも実践していただければ幸いです。

「みる・きく・はなす」技術のなかには、すでにあなたがご存じのことや実践していることも含まれていると思います。

もし無意識に「実践していたな」と気づいた方は、ぜひ今後はそれを意識的に、また頻度を増やして続けてください。

そうすることで、さらに上手なコミュニケーションにつながると思います。

また知らなかった、気づかなかったと思うことがあったら、少なくとも一度は試してみてください。

やってみた上でその手法が好き・嫌いとか、合う・合わないはあると思います。

自分に合うと思うものを採り入れていただければよいと思いますが、まずは明日にでも実践してみるということをお勧めします。

いままでのコミュニケーションは通用しなくなった！

本題に入る前に、なぜ「みる・きく・はなす」技術を用いたコミュニケーションをわざわざ学ばなければならないのか、その背景について私なりの考えを説明させていただきます。

いま、50〜60代くらいの方とお話しすると、

「むかしは新入社員にガツンと言っても翌日会社を休むようなことはなかったが、いまはすぐ来なくなる。どうしてだ」

などとよく言われます。

理由はいろいろあるでしょうが、私としては、

①「社会の変化とそれに伴《ともな》う価値観の変化」

②「ハラスメントの増加」

③「人は言っても変わらないという事実」

の3つがあるのではないかと見ています。この3つは「みる・きく・はなす」技術の理由ともつながりますので、1つずつじっくり見ていきます。

まずは**①「社会の変化とそれに伴う価値観の変化」**についてお話ししていきます。

社会の劇的な変化

まず社会の変化が仕事に大きく影響している例を挙げます。

たとえばいまの20~30代前半の世代においては、**一人っ子が多いということの影響は少なくない**でしょう。

きょうだい同士だと、ケンカをしてもあとに何もないというのが普通です。

きょうだい同士で揉《も》まれて育ってきたのと、一人っ子で親からも祖父母からも可愛がられ、けなされることなく育ったのとでは、やはりストレスに対する閾値《いきち》がだいぶ違うのは間違いありません。

またかつてのように、放課後に近所の子どもたちと遊ぶという場面が少なくなっているのも、打たれ強い人が少ないということに関係しています。

「争いごとやけんかに慣れていない」「コミュニケーションがあまり上手でなく、意見が通らなかったときの対処法がわからない」といった傾向は、やはりいまの40～50代に比べて、20～30代に顕著です。

次に、**単身世帯の増加**ということもあります。

日本ではいま「独身で一人暮らし」というケースと、「高齢になってパートナーと死別して一人暮らし」というケースを合わせた単身世帯がもっとも多いです。

かつてテレビの料理番組では基本的な分量は「4人分」が普通でした。

お父さん、お母さんに子ども2人という家族構成を想定していたからですが、いまはもう4人分が当たり前という時代ではありません。

むかしは外から家に帰ると誰かしらいるという家庭が多く、気分転換も容易でしたが、いまは帰っても独りぼっちという人が多いわけです。

独身で一人暮らしの人なら、もしかしたらコミュニケーションは会社内だけ、ということもあるかもしれません。

もちろん現代においてSNSなどのインターネットによるコミュニケーションという別の側面はありますが、**言葉を発する機会は減っています。**

生身の人間同士によるコミュニケーションという意味では、むかしといまは確実に違ってきています。

また、むかしは夕方5〜6時に仕事が終わって帰宅すればリラックスでき、翌日からまた仕事が始まるというのが当たり前でした。

経済のグローバル化が進んだ現代、企業によっては業務が終わって家に帰っても、次はロンドン、その次はニューヨークと仕事が進んでいて、翌日会社に行くと仕事が2日分先に進んでいる……それをキャッチアップしてから自分の業務に取りかかる。こんな働き方すら出てきました。

またスマホの登場で常に会社と連絡を取り合わなければならない、あるいは家でもパソコンでログインして仕事ということも可能になりました。

9時から17時まではなくて、24時間365日、仕事に縛られている気がするという人も少なくありません。こういったことも社会の変化が仕事に劇的な影響をもたらしている一例です。

価値観がこの20年で変わった

価値観の変化ということでは、少し抽象的ですが**内的価値観より外的価値観が重視されるようになってきた**ということがよく言われます。

価値観というのは「ものごとの優先順位のつけ方」と言い換えてもいいかもしれません。

戦後から高度経済成長期の少しあとくらいまでは、車を買ってマイホームを買って……というふうに普通に暮らしていれば、みんなそろって豊かになっていくのを実感できた時代でした。

同じように生活がよくなっていって、それを実感できている時代は、人はまわりと自分を比べるようなことをあまりしません。

趣味など、自分にとって優先順位の高いこと、自分のなかの価値観すなわち内的価値を大切にすることが多かったのです。

しかし、いまはなかなか経済が伸びず、収入も上がらないどころか平均所得がこの20年間で100万円下がっているという時代。

また年功序列ではなく〝成果主義〟が導入されている時代で、どうしても内的なものよりも外的な価値で自分と他人とを比較してしまう傾向が強くなっているのかもしれません。

偏差値や収入など、つまり「外から数値で比較できる外的価値」が気になってしまい、内的価値観を維持しにくい。

これが価値観の変化です。

「朝の挨拶」と「飲みニケーション」問題

ここで、社会の変化と価値観の変化に関して、私が産業医面談をするなかで感じていることを具体的に2つご紹介します。

1つめは、会社での朝の「おはようございます」の挨拶。

年下からすべきなのか、役職が下の者からすべきなのか、それとも上司や年上からすべきでしょうか。もしくはそんなの関係なく、気がついた人からすべきでしょうか。このような単純な問いに対しても、世代により、または育った環境により、さまざまな答えがあります。

そして、その答えがたくさんあることを知らない人、知っても受け入れられない人、他人に自分と同じ答えを強要しようとする人がまだまだいるのが現状です。

偉い人ほど、そして年配の方ほど、その傾向が強いと感じているのは私だけではないと思います。

2つめも社会の変化による世代間の違いですが、私は**45歳以上の上司の人たちと、35歳以下の上司の人たちとでは、部下との接し方において大きな違いがある**と感じています。

ひとくちに言えば、若い上司は一般に部下に対して関心があることをあまり示しません。ただしその部署にひとたび調子の悪い人が出て、私から「○○さんのことをちょっと気にかけてあげて」と伝えると、しっかりフォローしてくれます。

具体的にこうしろと指示を出さなくても、やさしい言葉をかけるなど、たいへん協力的です。けれどもそこに至るまでは、部下に関心をもって積極的に関わろうという姿勢があまり見られないのです。

一方、45歳以上の上司は概《がい》して部下に対し関心がありすぎて、ヘタをするとうっとうしいと受け取られてしまうこともあります。部下のことが気になる、気になるから声をかけて関わろうとする、飲み会に誘ったりもします。

この世代には「飲みニケーション」などという言葉もある通り、会社仲間と誘い合ってグチや本音を言い合うのを大切にしてきた人が多いので、部下にもそれを求めたりします。

しかし若い世代にとっては「仕事が終わって何でまた上司と飲みに行かなければいけないんだ、うっとうしい」と感じられてしまう傾向があるようです。

上の世代が自分たちの価値観で若い人と接すると、世代間の違いによる摩擦が生じることがあるという一例です。

また、若年層の**横並び意識**も影響を与えています。

たとえばいわゆる一流企業の産業医面談で、新入社員に「どうしてこの会社に入ったの？」と聞くと、みんな入社前の面接ではかっこいいことを言いますが、産業医面談ではちょっと言葉に詰まって**「友達がみんなこれくらいのレベルの会社を目指すから」**というような本音が出てきます。

これはやはりいまの時代の偏差値教育のなかで「これくらいのレベルならこのあたり……」「まわりが行くなら自分も……」と、会社選びについても、自分をまわりに合わせてやってきたからでしょう。

ちなみに私が産業医をしているあるグローバル企業では、東大や京大など、いわゆる一流大学の出身者も少なくありません。常に同級生のなかではトップレベルを自認して入社してきた新人たちにまず私が言うのは「この会社ではみんなが同じトップレベル出身なのだから、自分がトップという考え方ではやっていけませんよ」ということです。現に、いままではトップ10％だった新入社員の9割がここではトップ10％から脱落し、もっと言うなら半数の人が平均以下になっているわけです。

こういう数字で表されるのが外的価値観ですが、それを拠《よ》り所にしていては会社では長続きしません。

それまでは一学年のなかでトップ10％だったかもしれない、でもいまは上に40学年もあるような会社で、新人がまわりと自分を比べてもしょうがない。

それよりも昨日の自分と今日の自分、去年の自分と今年の自分を比べて成長しているかどうか、仕事を楽しんでいるか、やりがいがあるか、そういうふうに自分との対話を大切にしてくださいと、お話しししています。

なぜ、ハラスメントが起きるのか？

次に前項②の**「ハラスメントの増加」**について書いていきます。

広告会社大手の某企業に勤めていた若手社員が２０１５年12月に自殺してしまうという悲しい事件が起きました。

まず、この場で亡くなられた女性社員の方のご冥福《めいふく》をお祈りいたします。

自殺してしまった彼女の長時間残業（過重労働）の実態以外に、職場のパワーハラスメント（パワハラ）の存在が注目されてきており、企業や働く人たちの多くにその問題の深さを問いかけています。

ハラスメントとは、一般的にいじめや相手の嫌がることをすることです。

職場においてのハラスメントは、**職場内での優位性を背景に、業務の適正な範囲を超えて精神的身体的苦痛を与える行為**とされています。

つい先日も、仙台市の某運送会社にて、22歳の男性社員が自殺してしまう事件がありました。自殺の原因は「上司のパワハラによるうつ病のため」と仙台地裁が労災を認定した、というニュースがありました。自殺した男性社員は上司から足元に向けてエアガンを撃たれたり、唾《つば》をかけられたりしたそうです。

この「社員の自殺」という2つのケース、どちらの会社もハラスメントをした上司自身が、同じような指導を若いころに受けてきたかどうかは知りません。

しかし自分たちの行為が、部下にこのような気持ちを引き起こすという考えすらなかったのだと思います。ましてそのことが、自殺につながることまでは考えもつかなかったでしょう。

たとえ自殺まで想像できなくても、前途有望な若者に暗い影響を及ぼしてしまうだろうという想像力の欠如、相手の立場や気持ちを察することができないという想像力不足は、悔やんでも悔やみきれません。

このような職場のパワハラの問題は「思いやり」や「道徳心」の欠如として片づけられないほど、その根はもっと深いと私は考えます。

なぜ多くの企業において、いまだ職場のハラスメントがなくならないのか。

その背景や理由について、年間1000人の働く人と面談をおこなっている立場から3つ述べさせていただきます。

職場からハラスメントがなくならない3つの理由

(1) ハラスメント加害者側の「無知」「無自覚」「想像力の欠如」

職場のハラスメントが減らない3つの理由の1つめは、ハラスメント加害者側の「無知」「無自覚」「想像力の欠如」が挙げられます。

そもそも、自覚を持って「相手をいじめたい」「ハラスメントしたい」と考える人はいないと私は信じています。しかし残念なことに、他人にしてはいけないことを教わっていないから知らない人（無知）、自分の行為がハラスメントに該当することに気がついていない人（無自覚）、自分はそのような指導を受けてきたが、ハラスメントとは感じなかったので同じ指導をしているという人（想像力の欠如）など、いろいろな人がいるのが現実です。

（2）ハラスメントを組織が生み出している

職場のハラスメントが減らない2つめの理由は、ハラスメントを「組織が生み出している」ということです。もう少し正確に言うと「組織におけるストレスが、被害者を助けることができる可能性のある人たちを遠ざけてしまっている」ということです。

職場のなかには自分自身がストレスや、やらなければならない仕事でいっぱいいっぱいで、自分のしていることが見えていなかったり、自分のなかの思いやりの心に気づく余裕がない人が多くいます。

この人たちのなかには、無意識・無自覚のうちにハラスメントをおこなっている人たちもいますし、同僚がハラスメント被害を受けていることを見て見ぬ振りして、あとになって後悔している人たちも多くいます。

私はたまに「ハラスメントを受ける側にも問題がある」という意見を聞き、残念になることがあります。

多くの場合、いじめる側（ハラスメントをする側）は、原因があるからハラスメントをするわけではなく〝ハラスメントをするために原因を探している〟のです。

人は自分に余裕がないと、なかなか他人に優しくはできません。

個々の社員のストレスの軽減もハラスメントを避けるためには必要です。

ちなみに若い社員の間では、

「A部長はアタリ、B部長はフツウ、C部長はハズレ、D部長はご愁傷さま」

など、部下になる前から〝どの上司がハラスメント上司か〟などの情報が伝わっていることが多くあります。

ストレスは、受けたときのその強度（インパクト）によりますので、このようなことを知っていればある程度対処できることもありますし、知らないと受けるショックは大きくストレス度は高くなります。

一方、人事部のなかでも「あの部長の下に配属される人はすぐにメンタルヘルス不調になる」と認識されている上司もいます。たいていの場合「原因は上司のパワハラ」などの原因までわかっていることが多いのです。

しかし、その部門の人事担当者に「パワハラ部長の上司にそのことを伝えないと」と産業医として何度提案しても、何も変わらない会社もあります。

ハラスメント加害者のことを複数人が認識していても対処しない・できないことは、私は個人を超えて会社としての責任だと思います。

前述した2つの企業の自殺の件についても、加害者の問題と片づけることなく、会社として真摯に向き合う必要があるでしょう。

職場のパワハラを誰がいつから認識していたのか、何かできることはなかったのか、連携体制はどうすべきかなど、これは決して犯人探しではなく、組織運営や企業文化の課題として扱われるべきでしょう。

しかし実際はなかなか進んでいない現状で、そのために今回のような悲劇が繰り返されていると考えます。

（3）「パワーハラスメント」という言葉の普及

職場のハラスメントが減らない理由の3つめとして、あえて私は「パワーハラスメント」という言葉の普及を挙げたいと思います。

最近は全国の総合労働相談コーナーへの「いじめ・嫌がらせ」の相談件数が増加するなど「職場のハラスメント」は社会問題として顕在化していると言われています。

具体的には、職場での「いじめ・嫌がらせ」に関する相談受付件数（次ページ表参照）は、6万6566件（22・4％）であり、民事上の個別労働紛争相談件数に占める相談内容として最多です。

ハラスメントを受けると、がんばっている人ほど「自分が認められていない」と傷つき、落ち込みます。

そして、認めてもらえていないこと自体が孤独感を高め、他人に相談できなくなり、自分の存在価値を必要以上に落としてしまうのです。それが自分への否定、現状への否定、精神疾患を発症させるきっかけとなり、自殺に至るのだと考えられます。

民事上の個別労働紛争相談件数に占める「いじめ・嫌がらせ」の割合及び相談件数

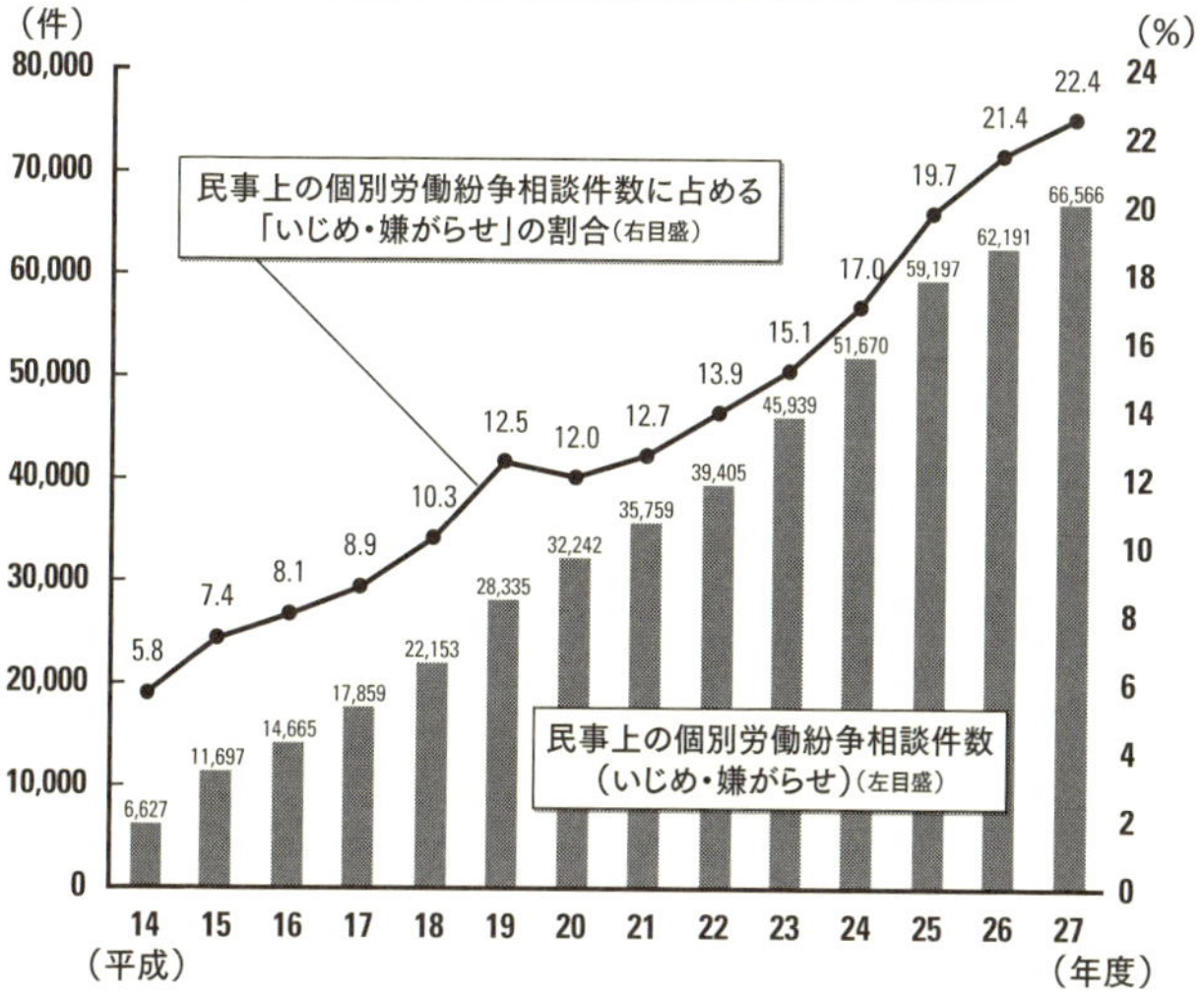

（資料出所）厚生労働省「個別労働紛争解決制度の施行状況」

厚生労働省も２０１２年に「あかるい職場応援団」というＨＰを立ち上げて、職場のパワーハラスメント問題の予防と解決に向けて本腰を入れています。

近年ハラスメントという言葉は、セクハラ、パワハラ、モラハラなど、人々の意識に定着しつつあります。

しかし何をもってハラスメントとするのか、あいまいなことが多いのも事実です。

同じことをしても相手がイヤだと思わなければハラスメントではありませんし、イヤだと思われたらハラスメントになるのですから、どうしてもハラスメントの定義や認定には、あいまいさがつきまといます。

データを見る限り実際に職場のハラスメントは増えています。

しかし、何かあったときに「これはハラスメント」だと感じる人が増えてきた、あるいはハラスメントという言葉が定着するにつれて、すぐに「ハラスメントだ」と声を上げる人が増えてきた、という面にも注意が必要です。

これは、安易にハラスメント被害を訴える人に問題があると言っているわけではありません。

「声を上げられる仕組み」をつくることが大切

この本を読んでいるあなたも、いつどこでハラスメント加害者として訴えられる可能性があるかわかりません。

大切なのは、ハラスメント被害者が出た・気づいたときに、それを訴えるべき連絡先の開示や、実際の調査方法の確立などのルールやフローづくりです。

実際に私はメンタルヘルス不調による休職者との産業医面談のなかで、ハラスメント被害を言い出せず、それが影響してメンタルヘルス不調になってしまった方を多数知っています。

いま企業に求められるべきは、**加害者にならないためのハラスメント研修だけでなく、被害者がアクセスしやすい社内通報システムや、被害者を救うメンタルケア体制**などの充実です。

ハラスメントという言葉の普及とともに、ハラスメント対策研修なるものが多くの大企業では毎年開催されています。

率直な意見を言うと「ハラスメントになるから○○はやってはいけませんよ」というような、〝やってはいけないことを学ぶ研修〟は、その効果を評価しようがありません。

研修の教えでハラスメントをしていないのか、単にそのような状況がないからハラスメントをしていないのか、わからないからです。

しかし、このような研修で「ハラスメント対策をした」としてしまっている企業はたくさんあるのではないでしょうか。

実際に何がハラスメントとなるかなど、自社事例での検討はできなくても、同業他社の事例など身近な実例を検討することは有効かもしれません。

社内研修等では「やってはいけないこと」に注目するだけでなく、うまくやっている人たちが何をしているかなど、やってほしいことに注目することが大切です。

職場におけるハラスメント問題は、解決策が簡単には見つかるとは限らず、また思いやりの言葉だけでは片づけることのできない課題です。

しかし人事労務に携わる人だけではなく、すべての働く人にもう一度職場で話し合っていただきたいと思います。

人は言っても変わらない

いよいよ「みる・きく・はなす」技術を学ぶ理由の③の**「人は言っても変わらないという事実」**という部分に入ります。

これは結局のところ、人は他人から注意やアドバイスをされただけでは変わらない、本人が変わる必要性を自覚しない限り変わらない、という意味です。

何か相談されてアドバイスをして、相手がその通りにやってくれてうまくいけば何も苦労はありません。

けれども人は言っても変わりません。

たまに産業医面談で従業員から、

「カウンセラーやコーチからアドバイスを受けた」

という相談があります。

相談内容は、

「カウンセラーの言っていることに従うべきか」

「そのアドバイスは医学的に筋が通っているのか」

などです。

つまり、**人はアドバイスにはどんなにもらっても、すぐには従わないのです。**

なぜなら、人はそれぞれが自分の正義（価値観）を持っていて、聞きたいことしか聞かない、見たいものしか見ない、話したいことしか話さないからです。

雰囲気をつくる

ではどうすればよいのでしょう。

リーダーシップがある上司や、メンタルヘルス不調者を出さない部署の上司に共通しているのは、まさにここだと私は思います。

つまり部下に「自分からやろう」「自分から変わろう」という気を起こさせるのが上手だということです。

上から言って強制的にやらせるのではなく、部下が自発的に主体性を持ってやろうと思うようになる場、雰囲気をつくっているのでしょう。

この、雰囲気づくりという部分が大切です。

それを「みる」という方法でやっている人もいるし、「きく」という方法でやっている人もいるし、「はなす」という方法でやっている人もいるわけです。

つまり「みる・きく・はなす」技術は、相手に主体性を持って変わってもらうためのコミュニケーションのコツとも言い換えられます。

「3タイプのストレス反応」を知っておく

現代はストレスが多い時代と言われています。

働く人もその例外ではありません。

現在の仕事に関することで「強いストレスとなっている」と感じる事柄がある労働者の割合は、平成25年から27年の2年間の間に52・3%から55・7%と増えています（厚生労働省労働安全衛生調査平成27年）。ストレス内容について聞いてみると「仕事の質・量」が57・5%ともっとも多く、ついで「（セクハラ・パワハラを含む）対人関係」が36・4%、「仕事の失敗、責任の発生等」が33・2%となっています。

仕事や職業生活に関するストレスの有無及び内容別労働者割合

単位:%

区分		労働者計	強いストレスとなっていると感じる事柄がある	強いストレスの内容（3つ以内の複数回答）										強いストレスとなっていると感じる事柄がない	不明
				仕事の質・量	対人関係（セクハラ・パワハラを含む）	役割・地位の変化等（昇進、昇格、配置転換等）	仕事の失敗、責任の発生等	事故や災害の体験	雇用の安定性	会社の将来性	その他	不明			
平成27年（年齢階級）		100.0	55.7(100.0)	(57.5)	(36.4)	(23.9)	(33.2)	(1.9)	(14.7)	(20.3)	(11.5)	(0.6)	43.6	0.7
20歳未満		100.0	25.5(100.0)	(54.1)	(55.2)	(3.4)	(63.8)	(-)	(0.2)	(3.0)	(15.0)	(-)	70.9	3.6
20～29歳		100.0	55.6(100.0)	(59.6)	(38.5)	(21.7)	(41.1)	(1.1)	(13.6)	(20.1)	(10.0)	(-)	43.4	1.0
30～39歳		100.0	58.6(100.0)	(58.1)	(38.1)	(28.8)	(33.5)	(2.6)	(15.3)	(21.5)	(11.7)	(0.7)	40.8	0.6
40～49歳		100.0	60.4(100.0)	(57.7)	(35.4)	(22.5)	(31.6)	(1.4)	(13.8)	(20.1)	(13.1)	(1.1)	39.0	0.7
50～59歳		100.0	57.0(100.0)	(59.0)	(33.4)	(24.3)	(29.8)	(1.9)	(15.0)	(21.2)	(9.3)	(0.1)	42.7	0.3
60歳以上		100.0	36.1(100.0)	(44.4)	(36.7)	(15.3)	(30.5)	(2.6)	(19.2)	(15.1)	(12.8)	(0.5)	63.2	0.7
60～64歳		100.0	42.9(100.0)	(46.6)	(37.5)	(17.2)	(26.3)	(2.2)	(16.8)	(18.6)	(14.3)	(0.7)	56.0	1.1
65歳以上		100.0	25.1(100.0)	(38.3)	(34.4)	(10.1)	(42.0)	(3.7)	(25.8)	(5.4)	(8.7)	(-)	74.8	0.1
（性別）	男	100.0	53.7(100.0)	(58.7)	(32.0)	(26.4)	(35.3)	(2.4)	(12.7)	(24.0)	(11.0)	(0.5)	45.8	0.5
	女	100.0	58.5(100.0)	(55.9)	(41.9)	(20.6)	(30.7)	(1.3)	(17.2)	(15.6)	(12.1)	(0.7)	40.7	0.9
（就業形態）	正社員	100.0	59.0(100.0)	(61.1)	(34.8)	(27.2)	(34.3)	(2.0)	(10.7)	(23.0)	(10.5)	(0.3)	40.4	0.7
	契約社員	100.0	54.5(100.0)	(40.6)	(38.7)	(10.3)	(23.8)	(1.2)	(35.0)	(10.2)	(15.2)	(2.8)	45.5	0.0
	パートタイム労働者	100.0	38.8(100.0)	(47.9)	(46.0)	(13.2)	(32.5)	(1.5)	(17.6)	(10.7)	(15.3)	(1.0)	60.1	1.0
	臨時・日雇労働者	100.0	34.8(100.0)	(15.6)	(15.4)	(0.2)	(36.9)	(25.1)	(36.1)	(31.6)	(16.4)	(5.2)	65.2	-
	派遣労働者	100.0	66.4(100.0)	(38.5)	(39.7)	(7.5)	(28.5)	(0.0)	(61.3)	(5.1)	(13.4)	(-)	33.2	0.5
平成25年		100.0	52.3(100.0)	(65.3)	(33.7)	(25.0)	(36.6)	(2.8)	(…)	(…)	(18.5)	(0.3)	47.5	0.2

（資料出所）厚生労働省 労働安全衛生調査 平成27年

過去1年間にメンタルヘルス不調により、連続1ヵ月以上休職した労働者の割合は0・4%、退職した労働者の割合は0・2%というデータがあります。

つまり250人の従業員がいると、1年間に1人はメンタルヘルス不調による休職をしているという具合です。

年間1000人のビジネスパーソンと産業医面談をおこなっていると、たしかに仕事の質や量、職場の人間関係を原因としたストレス、不安、悩みなどで面談に来られる方がたくさんいます。

しかし多くの場合、この人たちは、仕事の質や量・人間関係を直接のストレス原因として感じ、その改善を訴えに産業医面談に来るわけではありません。

それらはあくまで「原因」で、落ち込んだり、眠れなくなったり、集中できなくなったりと、さまざまなストレス症状を呈《てい》して、その症状の相談に産業医面談に来るというのが実情です。

一方、同じような職場環境で働き、同様のストレス原因にさらされているものの、ストレス症状を呈さない人もいます。

この両者の違いはどこからくるのでしょうか。

ストレス原因とストレス症状の間にあるのは、個々人のストレスへの〝反応〟です。

ストレスに反応するなかで、その〝反応自身がストレスになってしまう〟と人はストレス症状を呈し、いわゆるメンタルヘルス不調になってしまいます。

この反応は、個人の認識や心がけ次第で、単なる反応で終わらせることができる場合と、ストレスに感じてしまう反応（反応性ストレス）になる場合があります。

ストレス原因に気軽に反応して対処している間は問題になりませんが、この反応をストレスと感じたとき、人はストレス症状を呈し始めるように感じます。

【ストレスの原因↓反応↓ストレスに感じてしまう反応（反応性ストレス）↓ストレス症状】

という具合です。

そこでここからは、このストレス原因とストレス症状の間に介在する反応性ストレスの「3つのタイプ」について、お話しさせていただきます。

反応性ストレスの3つのタイプは、

① がんばるストレス

② 我慢のストレス

③ ガス欠ストレス

以上の3つです。それぞれ見ていきます。

「がんばるストレス」

まず、①の**「がんばるストレス」**は、優秀な人も知らず識らずのうちにため込みやすいタイプのストレスです。

近年、仕事の量は増え、また求められる質も高まったと感じている人は多いと思います。それに加えて社会構造の変化とともに、仕事にスピード化が求められています。

多くの仕事のタイムリミット（納期）も早くなり、量や質の負荷以外にもさらなるスピード化も求められています。

そうすると職場では、

「あの人に頼めばなんとかしてくれる」

「あの人ならやってくれる」

というように、優秀な人ほど仕事が集まりやすい状況になります。同僚からの相談が特定の人に集まるだけではなく、優秀な人につい仕事を頼んでしまうのです。

結果、優秀な人ほど早く帰るのではなく、優秀な人ほど仕事が集まってしまい遅くまで残業しているのです。

このような状況に対し、その優秀な人は「がんばる」ことで対処します。

同じ状況が続いても、さらにがんばる、そして翌月もがんばる。

上司や同僚からの信頼や感謝は、最初のうちはモチベーションの源になりますが、次第にこの人の「がんばる」は、本人にとって以上に周囲にとって、がんばり続けることが普通となってしまいます。

みんなのために自分はがんばっている、しかしそれが認められていない。ふとそのように感じた瞬間に、報われていない感覚が一気に押し寄せてきます。そして張っていた気持ちが切れてしまいます。

肉体的あるいは精神的な疲労の蓄積に気づき、いままでの〝がんばっていた反応〟が〝反応性ストレス〟に変わります。

メンタルヘルス不調になってしまうのは、何も仕事への適性に欠ける（いわゆる能力不足）人だけではありません。多くの上司たちが心配している、チームの花形選手のメンタルヘルス不調はこのように生じているパターンが非常に多いのです。

「我慢のストレス」

次に②の反応性ストレスは**「我慢のストレス」**です。

これは「ＮＯ」と言えない人に生じやすい反応性ストレスです。

頼まれた仕事や苦手な人間関係にＮＯと言えずに我慢、あと少しと考えて我慢（実際はあと少しではない）、仕事がなくなることが怖いから我慢などなど、我慢、我慢、我慢……。

働く人の場合、多少の我慢は必要でしょう。しかしこの我慢がストレスになり自分の健康を害するまでため込んでしまうのは問題です。

我慢の反応性ストレスをため込みやすい人たちに共通しているのは「自分のストレス原因への対処手段に他人を巻き込みたくない」「他人に迷惑をかけたくない」という感情です。

ストレスとならない範囲内でこれができている限りは美徳です。

しかしこの気持ちの根底には「他人を巻きこんだり荒波を立ててしまったら、自分が嫌われてしまうのではないか。結果的にがっかりされるのではないか」という不安が潜むことが少なくありません。

一方で自己肯定感の高い人は、日ごろから相手との関係性が強固なものであると自信を持っていたり、「NO」と言うことで自分のすべての評価がネガティブになることはないと考えているので、我慢がストレスになる手前で「NO」と言えています。

我慢を続けても報われていない、我慢が敵わない、何も改善しない、ふとそのように感じた瞬間に張っていた気持ちが切れてしまいます。

「がんばるストレス」と同じように、肉体的あるいは精神的な疲労の蓄積に気づき、いままでの〝我慢していた反応〟が、〝反応性ストレス〟に変わります。

周囲から見ても次第に調子を崩しているようになり、心配した上司や同僚から産業医にかかることや休暇を取ることを勧められるものの、「大丈夫です。もう少しがんばります」と返答し、早期発見・早期治療の機を逃してしまったパターンを私は数多く経験してきました。

「ガス欠ストレス」

③の反応性ストレスは、**「ガス欠ストレス」**です。

これは仕事以外の日々の生活に、趣味がない、楽しみがない、熱中するものがない、それゆえに、気分転換や「ON・OFF」のメリハリがなく、徐々に徐々に、気づかないうちに調子が悪くなってしまうパターンです。

先日産業医面談に来た転職後2年目の32歳、独身男性はこの典型例でした。

彼は最近休みがちだということで、上司から勧められ産業医面談に来ました。

彼の勤怠簿を調べてみると、半年前からは毎月1～2回病気で休んでいたようでしたが、上司からの仕事の評価は「ハイパーフォーマーではないが、ローパーフォーマーでもない」ということでした。

つまり、休みの回数以外はごく普通の社員とのことです。

実際に私が話を聞いてみると、

「半年ほど前から体調不良によく見舞われるようになった」

「2ヵ月前には頭痛とめまいの頻度が増えた」

とのことでした。

近所の医者で、頭部のMRI検査を受けるも異常なし。

頭痛薬をもらい飲んでみると症状は改善するものの、最近は改善しにくくなり医者からも遠ざかっているとのことでした。

会社から徒歩圏内に住み、睡眠も良好、とくに仕事がやりにくくなったり結果が出なくなったとの自覚はありませんでした。

ただもう少しプライベートも含めて聞いてみると、週末は家で何もしないで1人で過ごすことが多いとのことでした。

1年前までは、前の会社の同僚たちと毎週の飲み会や週末の麻雀大会を楽しんでいたようですが、転職後は疎遠になり、また、いまの部門は同世代がおらず、平日の飲み会も週末の友人たちとの集まりもなくなってしまったとのことでした。

仕事は嫌いではないが淡々とこなすのみで、とくに達成感を覚えたりチームワークを感じることはない、帰宅後、仕事はしないもののテレビとゲームで過ごす日々で、だんだん何もする気がなくなってきているということもわかりました。

面談中に相手の目を見て話すこともほとんどなく、笑顔もなく、覇気がなかった姿が印象的でした。

この男性は特別目立ったきっかけがなく、周囲が気づかない間にストレスをため、心身ともに病んでいくパターンの典型例とも言えるでしょう。

メンタルヘルス不調の発症を上司や同僚が知ると、「あの程度の仕事で?」と周囲が驚くのもこのようなケースであることが多いです。

症状が悪化するまでは仕事はそつなくこなすものの、日々の生活に楽しみ、喜び、熱中できることなどがなく、気分のリフレッシュやエネルギーの充電ができず、肉体的にも精神的にも磨耗消耗した「ガス欠」状態です。

たとえ働き続けることができていても、仕事以外での熱中できること、趣味などを見つけない限り、なかなか治らない種類の反応性ストレスです。

この方には、仕事以外でも自分の熱中できることを見つけることが大切と感じ、薬を中心とした治療よりもカウンセリングを勧めました。

このように、ストレスの原因に反応することは大切です。

しかし、ストレスの原因には、必ずしも自分だけで対処できないものがあります。

また、対処してもすぐには改善しないこともあります。

そのようなとき、ぜひ自分だけでため込まず、同僚や友人、家族など、あなたのまわりにいるあなたのサポーターに相談するようにしましょう。

重要な言葉「ちょっといいですか？」

リーダーシップがあったり、メンタルヘルス不調者やハラスメント被害者、ドロップアウト者を出さない上司に共通してできているのが、相手をケアする「ちょっといいですか？」の対応です。

「みる・きく・はなす」技術のうち1つでも実践できるようになると（方法は次章以降でお伝えします）、この「ちょっといいですか？」に対応できるようになるでしょう。

すでに「みる・きく・はなす」技術を持っている人は、あらゆる「ちょっといいですか？」に上手に対応している人だとも言えます。

では、どのような「ちょっといいですか？」があるかということですが、**「気になる」「聞かれた」「期待したい」**の3つに分けてみました。それぞれ見ていきます。

3つの「ちょっといいですか？」

① 気になる「ちょっといいですか？」

気になる「ちょっといいですか？」というのは、たとえば自分の部下ががんばりすぎていて心配なときや、調子が悪そうだと感じるときや、メンタルヘルス不調なのではと気になるときに「ちょっといいですか？」と声かけをすることです。

メンタルヘルス不調者の部下を抱えるリーダーに、人事担当者から「ちょっといいですか？」と声をかけることもあるでしょう。

調子が悪そうな部下だけでなく、優秀で仕事が集中してしまっている部下に「いまは大丈夫そうだけれど、この先身体を壊さないか心配なので声をかけてみよう」ということもあるかもしれません。

優秀な人ほど、たくさんの仕事が回ってきて、それをこなしているうちに燃え尽きてしまう……このようなパターンを心配する上司から部下への「ちょっといいですか」です。

②　聞かれた「ちょっといいですか？」

これは、元気のない部下から「ちょっといいですか？」と声をかけられる、というケースなどです。部下が深刻な顔をして、あるいは診断書などを持って「ちょっといいですか？」と相談してきたらドキッとするでしょうが、そういうときも焦らずに堂々と対応しましょう。

③　期待したい「ちょっといいですか？」

これは、リーダーとして部下に、上司として若手社員に声をかけるときなどが挙げられます。または、メンタルヘルス不調に理解のなさそうな相手、たとえばメンタルヘルス不調者がいる部門の上司でなかなか聞く耳をもってくれない……そういう相手に行動の変化を求めたいときにかける言葉です。

以上のような「ちょっといいですか？」に対応できると、上手なコミュニケーションにつながります。

ビジネス研修などでコミュニケーションというと、よく「何を言った」かよりも「何が伝わった」「何が理解された」が大切です、という話になります。

それらはもちろん大切なのですが、私がお伝えしたい上手なコミュニケーションというのは、どちらかというと相手との関係性の強化、相手の主体性の発揮、メンタルヘルス不調の予防という観点に立ったもので、**コミュニケーションの中身よりもコミュニケーションのあとに残った感情にフォーカス**したものです。

たとえば調子の悪い部下が上司に「ちょっといいですか？」と声をかけてきて、上司が対応した結果、翌日に「あんな上司に相談するんじゃなかった」というのではなくて、「相談しに行ってよかった」と思ってもらえるのが、上手なコミュニケーションです。

内容よりむしろ、あとに残った感情を重視するコミュニケーションなので、時と場合によって上手に使っていただければと思います。

どんな相手かを決めよう

次章からいよいよ、上手なコミュニケーションのための「みる・きく・はなす」の3つの技術を学ぶにあたって、まずはあなたが、この「みる・きく・はなす」技術を使ってみたい相手を想定していただきたいと思います。

具体的には、いまお伝えした「ちょっといいですか?」の相手、つまり自分が声をかけたい人、あるいは自分に声をかけてきそうな人を想定して読み進んでいただけると、とても理解しやすいでしょう。

具体的に次のことを意識してください。

- **相手の性別と年齢層**
- **会社ではどういう役職で入社何年目か**

・あなたと相手との関係

・どうしてその人を「ちょっといいですか?」の対象にしたか

これらの要素を先にメモをしたうえで次章から読んでいただけると、よりイメージがしやすくなります。

最近ちょっと元気のないご家族や友人を想定するケースもあるでしょうし、がんばりすぎていて心配な方を想定するケースもあるでしょう。

心理職の方なら、自分のクライアント企業でカウンセリングに来ている従業員をあげるケースもあるでしょう。また人事担当の方なら、仕事関係のちょっとわからずやの部長さんが対象ということもあるでしょう。

この対象者を相手にどうやって対応しようかと考えることで、次章からの「みる・きく・はなす」技術の学びがより着実に身につくことと思います。

それではいよいよ、「みる・きく・はなす」技術へと入っていきたいと思います。

chapter 2

みる技術——「知る×説明できる」

まずは「みる」ことから始めよう

ここからはいよいよ「みる技術」についてお伝えします。

メンタルヘルス不調者を出さないリーダー、部下に慕われるリーダーシップのある上司が、どのように部下をみているか、ということです。

「みる」とあえてひらがなで書いていますが、「みる」を漢字で書いてみると、代表的なものは5つあります。

- **視界に入れる「見る」**
- **注意してみる「視る」**

・観察する、時間的変化もみる「観る」
・医者が症状、状態を診察する「診る」
・不調者をケアする「看る」

以上の5つです。

リーダーシップのある上司やメンタルヘルス不調者を出さない上司というのは、意識してこの5つを全部やっているわけではありません。

しかし、なんとなく自然と全部できているという人が多いと思います。

前章の最後で、実際に「ちょっといいですか？」と声をかけたい人を想定していただきましたが、あなたは先ほど想定していただいた人に対して、どの「みる」をやっているでしょうか。

自分は気になる部下や同僚、家族に対して、注意して「視る」は当然おこなっており、時間的変化も含めて「観ている」と自負する方はたくさんいます。

診察の「診る」は医者ではないので無理で、不調者をケアする「看る」については、相手が不調者でなければ不要の場合もあります。

だから、自分は平常時（健常人）対象の「みる」ならば、すべてできていると思っている方もいらっしゃるでしょう。

しかし、本当に「みる」ができているのでしょうか。

人間は、外界の情報を自分にインプットするのに、その75％は視覚に頼っているというデータもあります。そのような意味でも「みる」ということはコミュニケーションの基本であり、とても大切なものなのです。残念ながら、この「みる」ですら私たち人間はしっかりできていないというのが実情です。

見ている〝つもり〟でも、見えていないものばかり

むかしから「人は見たいものしか見ていない」と言われています。

自分の視界に入っていても、注意をしなければ見ておらず、意識にすら上がってこない。あることを意識して見ると、ほかのことが見えなくなってしまう。

人間とはそのような生き物なのです。

たとえば、あなたはいまこの本を読んでいる。つまり「みて」います。

文字は目で注意して見ていますが、同じページの下の方にあるページ番号までは意識に上がってきていないですね。

そう言われてページ番号に注意が行くと、今度はその瞬間は文字は見えていないのです。人は意識を向けたものしか、実際に自覚を持って「みる」ことができないのです。ここでちょっと面白いワークをやってみましょう。


〈ワーク〉

スマホをお持ちの方は、画面を起動したときの最初のアプリが並んでいる画面を思い出し、紙に描いてみてください。

誰でも毎日何度も見ているはずのスマホの画面ですが、こう言われると意外とアプリの並びが思い出せなかったりします。

このように、私たちは視界に入ってくるものをちゃんと見ているつもりでも、じつはただ漠然と見ているだけ、ということが少なくありません。

スマホのワークにはさらに続きがあります。

描いたものと画面が合っているか確認するために、一度スマホの画面を見てください。何割くらい合っていたか確認したら、もう一度画面を伏せてください。

さて、質問です。

スマホではいま何時でしたか？


これをセミナーなどでやってみると、参加者の方が決まって「え、時間？」とうろたえるような反応をされます。スマホの画面でアプリの並びを注視すると、同じ画面で表示されている別の情報に目が行かないというわけです。

私のセミナーでやっている限り、このスマホを利用したワークの正解率はそう高くはありません。

つまり「人は視界に入っていても実際には認識していないことが多い」ということがわかります。

まとめるとスマホのワークからは、

- **毎日見ているものでも意外と覚えていないことがある**
- **1つのことに注目するとほかのことが見えていないこともある**

という2点が実感できると思います。

「みる」ということの難しさが、少しおわかりいただけたかと思います。

たとえばメンタルヘルス不調の部下を持つ上司の方が、私との面談で部下に対する不満を延々と述べることがあります。

不満を持つことそのものが悪いわけではありません。

ただ、スマホのアプリに注目しているときに時刻が目に入らなかったように、部下の悪いところばかり見ていると、いいところがあっても気がつかないかもしれません。

5つの「みる」が自然と全部できている人はどういう気持ちで相手をみているのか、どういうマインドでコミュニケーションをとっているのかを考えてみましょう。

それが「みる技術」につながっていきます。

みる＝知る×説明できる

では「みる技術」って何？　ということについてです。

「みる技術」は、「知る×説明できる」であると私は定義しています。

私たちが目から得る情報は、頭に入ってくる情報の75％と大きい部分を占めます。

ただ漠然と見るだけではなく、5つの漢字で表される「みる」ができれば「知る」ことにつながります。

しかし同時に、あることを「みる」ことは、同時にほかのことは「みることができていない」可能性があることを前章で述べました。

これをコミュニケーションに当てはめてみると、あなたにとっての相手は他人ですから、いくらよくみていても、やはり「見えていないこと＝知らないこと」もたくさんあるはずです。

「みる技術」を持っている人は〝自分には知らないこともある、ということを知っている〟のです。

大切なので繰り返します。

自分のことはわかっても、他人であればわからないことがあって当然です。

この「他人については知らないことがある」ということを知っているのが「みる技術」を持っている人に共通するマインドです。

「みる技術」を持つリーダーや上司は、このマインドがあるがゆえに、たとえばよく遅刻をする部下に対して「だらしないからだろう」と決めつけるのではなく「体調が悪いの**かもしれない**」という発想を持てています。

つまり「みる技術」を持つ上司は部下のことをよく知らないと自覚しているのです。

この「かもしれない思考」。これは「みる技術」を持っている人が共通してできていることです。

そして「みる技術」がある人は、相手について知っているだけではなくて「説明できる」ところまでいっています。

この「説明できる」というのはあとで詳しくお伝えしますが、第三者に対して納得してもらえるように、その人のことを説明できるという意味です。

つまりこれは、相手は何を言われたら、やられたら喜ぶのか、仕事がはかどるようになるのか……。

何をしたら嫌がるのか、仕事がはかどらなくなるのか……など、相手の「取扱説明書」を書くことができるということです。

上手に部下やチーム内のメンバーをみている人が、漢字で表した5つの「みる」を日ごろからできているのは、その根底にある2つの要素である「知る」「説明できる」ということを理解しているからで、そのためにメンタルヘルス不調者を出さないでいるのです。

あの人が何にストレスを感じるか知るコツ

「みる技術」の中身の1つである「知る」について、簡単なワークをご紹介します。

これは1967年にアメリカで発表された「The Social Readjustment Rating Scale」というものです。

いわば「社会的にどういうことがストレスになりうるか」を挙げたリストです。

過去6ヵ月にどんなできごとがあったかをチェックしていって、それぞれの点数を足してストレスの度合いを判定する仕組みです。

いちばん点数が高いのは「配偶者の死」で100点、次に「離婚」で73点と、このあたりはわかりやすいですが、面白いことに「結婚」が50点、「配偶者との和解」も45点と、高い点数が与えられています。

このリストがつくられた当時は、あてはまる項目の点数を足して300点以上の場合は「メンタルヘルス不調になるリスクがかなり高い」。

150点から299点の人は「ちょっと注意」。

149点以下なら「大丈夫」。

というような判断がなされました。

次のページに一覧を載せますので、ご自分でチェックしながら点数をつけてみてください。

あてはまるものは？

1. 配偶者の死 ……100	22. 親戚とのトラブル ……29
2. 離婚 ……73	23. 子どもとの別居 ……29
3. 配偶者との別居 ……65	24. 昇進・降格・異動 ……29
4. 親族の死 ……63	25. 目立った個人的成功 ……28
5. 刑務所やその他の施設への拘留 ……63	26. 入学・卒業・退学 ……26
6. 自分の怪我や病気 ……53	27. 配偶者の就職や退職 ……26
7. 結婚 ……50	28. 生活状況の変化 ……25
8. 失業・雇用 ……47	29. 個人的習慣の変化 ……24
9. 配偶者との和解 ……45	30. 上司とのトラブル ……23
10. 退職 ……45	31. 勤務時間・条件の変化 ……20
11. 家族の健康上または行動上の変化 ……44	32. 引越し ……20
12. 妊娠 ……40	33. 転校 ……20
13. 家族数の変化 ……39	34. 宗教活動の変化 ……19
14. 性的な問題 ……39	35. 気晴らしや休養の変化 ……19
15. 会社の合併・倒産など ……39	36. 社会的活動の変化 ……19
16. 経済状態の変化 ……38	37. 150～200万円程度の借金 ……17
17. 親友の死 ……37	38. 睡眠習慣の変化 ……16
18. 転職 ……36	39. 食習慣の変化 ……15
19. 夫婦喧嘩の頻度の増加 ……35	40. 家族が集まることの変化 ……15
20. 150～200万円程度以上の借金 ……31	41. 休暇 ……13
21. 担保や貸付金の損失 ……30	42. クリスマス ……12
	43. 軽い違反行為 ……11

Holmes.T.H.&Rahe.R.H.,The Social Readjustment Rating Scale,1967.

私たちに身近なことで考えてみましょう。

たとえば、ある人が転職でストレスを感じているとします。

転職は生活の大きな変化ですからある程度ストレスを感じるのは当然のことでしょうが、たぶんそれだけなら問題ないでしょう。

ところがそれと同じ時期に別の要因が重なることがあります。

たとえば、

- 引越し
- それに伴った子どもの転校
- 奥さんの出産

このようなことがあると、メンタルヘルス不調が引き起こされる可能性が上がります。このリストはかなり古い時代のものですし、アメリカと日本の文化の違いもあって突っ込みどころは満載なのですが、要は**生活のあらゆる変化がストレス要因となりえる、そして、その変化の積み重ねがメンタルヘルス不調の引き金となりえる**、ということを示しています。

「～かもしれない」という発想が大切

このリストを、先ほどあなたが想定した相手について考えてみましょう。

ここでは点数をつけるというより、別の使い方をします。

当てはまるものには「○」、当てはまらないものには「×」、そしてわからないものには「△」をつけましょう。

ざっとチェックして、自分のことなら各項目「○」か「×」になったかと思います。

これによって、自分にはこういう変化が積み重なると、それはストレスとなってメンタルヘルス不調の一因になるのかも？　ということがご理解いただけます。

同時に、他人にとってもストレスが重なればメンタルヘルス不調の一因になるわけですが、想定した人についてはどうでしょうか。

その人について点数はどうでもよいので**「『△』がいくつあるか」**数えてみてくだ

さい。

想定した人が家族や親しい人、よく知っている人なら「△」の数は少ないでしょうし、そうでなければ「△」の数は多くなるはずです。

つまり他人のことについては、よくわからない「△」があるのです。

だからこそ、そうやって他人のことを考えるときに大切なのが「恋人とうまくいっていないんだろう」とか「引っ越したからだろう」というふうに「〜だろう」と決めつけるのではなく「〜かもしれない」と考えることなのです。

逆によくないのは「〜に違いない」と断定することです。

自分のことは「○」か「×」かすぐわかりますが、他人のことはよくわかりません。

あなたに想定した相手のことについてチェックリストに記入していただいたのは、「△」の項目がいかに多いか、相手のことをじつはよく知らない、ということに気づいていただくためです。

気づいた方は、想定した相手に対して「〜だろう」ではなくて「〜かもしれない」と考えること、それが相手を「知る」ことにつながるということを、おわかりいただだけると思います。

他人のことはわかりません。

知らないことがたくさんあります。

「無知の知」とは哲学者・ソクラテスの言葉として有名ですが、私たちはとにかく他人のことはわかりません。〝知らないということを知っている人〟は「～だろう」という決めつけでなくて「～かもしれない」という思考回路ができています。

そして、リーダーシップのある上司やメンタルヘルス不調者を出さない部門の上司とは、そういう発想ができる人なのだろうと私は感じています。

相手のことは知らないことがある。

この事実を認識していることが「みる技術」を持っている人が身につけているマインドの1つ「知る」ということなのです。

部下のことを説明できますか？

次に「説明できる」ということについてです。

説明できるというのは「相手のことを評価して第三者にそれを伝えられる」ということです。自分が理解しているだけでは説明できるとは言いません。

最近、歌手・西野カナさんの『トリセツ』という曲が、結婚式の定番BGMになっているそうです。

歌詞は結婚前の女性が相手の男性へ「自分の取扱説明書」と称して自分のことを説明して「私のことをわかってね」という内容です。

何をやったら喜んで、何をやったら嫌がって、どういうふうにすれば長く仲よくつき合えるのかを歌っているわけですが「説明できる」というのはまさにこれです。想定した相手のことを説明できるというのは、その人の取扱説明書をつくることができると言い換えることができそうです。

「みる技術」の第2の要素である「説明できる」とは、相手の取扱説明書、つまりトリセツを書くことができるということです。

職場の相手のトリセツというのであれば、その相手が、

① 何を言われる・やられると、嬉しい楽しい清々しい誇らしいなどのプラスの感情となり、その結果、仕事がはかどる・仕事をがんばる・積極的になるのか

② 何を言われる・やられると、不快、不満、不安などのマイナスの感情となり、その結果、仕事がイヤになる・消極的になる・結果が出てこなくなるのか

③ その相手が、得意なこと・やりたいこと・できること、やりたくないこと・不得意なこと・できないことが何なのか

この3つについて、しっかりと取扱説明書を書いて他人に伝えられるくらい相手のことを理解していて、そのうえで他人に説明できるということです。

「みる技術」を持っている上司は、部下の取扱説明書を書くことができます。

何をやったら部下は喜び仕事がはかどるか……何をやったら凹んで仕事がはかどらないか……何についてては大目に見ておこう……。

このようなことをきちんと理解しているのです。

「説明できる」の3つの要素

「説明できる」ということに関して、3つの要素があります。

(1)「主観的判断が伝わる」
(2)「客観的事実を伝えられる」
(3)「個人全体の評価」

以上です。

ではそれぞれ見ていきます。

(1)「主観的判断が伝わる」

主観的判断は個人的な評価ではありますが、それを誰もが納得できるフレーム(基準)で説明できるということが重要です。

つまり、職場でのある人への評価について、その評価の判断基準やフレーム・軸が誰にでも理解可能で説明可能かということです。

具体例を挙げてみると、たとえばあるチームの集まりで社内運動会にリレーの選手を1人出さなければならない、となったときに、

「あの人は学生時代に箱根駅伝に出たことがある」

「いや、あの人も大学時代に陸上部だった」

という主観的判断は、話している内容と判断基準が誰にでも理解が可能です。

でもそのときに誰かが、

「いや、○○さんは囲碁大会で優勝したことがある」

と言ったら、その主観的判断はほかの人とはフレームが違うので話になりません。

誰にでもわかるフレームで判断するからこそ、説得力があり、全員が納得できるわけです。

逆に言えば、誰かについて説明しているつもりでも相手にうまく伝わらない場合、本人には見えているつもりでも、相手との判断基準やフレームがずれていることが少なくなく、どちらかがじつはちゃんと「みて」いないということになります。

（2）「客観的事実を伝えられる」

客観的事実とは、再現性があり、相手と同僚の他者を数字などで比べやすい点を特徴とします。

たとえば「性別」「年齢」や「資格」や「家族構成」などたくさんあります。

また、会社なら「遅刻が何回」「早退が何回」「欠席が何回」、もしくは仕事上で

「ミスが何回」と数字として出ているものはもちろん、不自然な言動とかヒヤリハットがあるなどの行動も客観的事実です。

誰が伝えても同じで、同じように受け止められるという点で大切です。

医療の世界ではとくにこれが重要です。

たとえば救急医療の現場を想定していただければおわかりと思います。

「名前」「性別」「年齢」に始まり「体温」「心拍数」「出血量」がどれくらいといった客観的事実が必要とされるのであって「この患者さん、ヤバイと思います」という主観的判断の申し送りはありません。

このように客観的事実と主観的判断を分けて考えることはとても大事です。

誰かについて説明するときに、客観的事実と主観的判断を分けて説明できる人は「みる技術」を持っている人です。

反対にアウトプットするときにこの2つがこんがらがっている人は、自分のなかでも混乱しているのでしょう。客観的事実と主観的判断がゴチャゴチャになっている人は、なかなか部下のこと、チームのことを把握できません。

上手に「みる」ことのできる人というのは、先ほど述べたように「〜かもしれない」という考え方で「相手を知る」という思考回路を持っている人であり、そして自分が把握できることについては、客観的事実と主観的判断を分けて考えられる人です。

(3)「個人全体の評価」

そしてもう1つ、何か仕事でできないところなど「部分」だけをみるのではなく、個人・相手のことを全人的に、つまり環境や人間関係、個性や個人的生活、行動や兆候なども含めてトータルに考えられるかどうかも大切です。

いま挙げた以上の3点がスムーズにできていることが「みる技術」の第2のマインド「説明できる」ということなのです。

ここまでご理解いただけましたら、先ほど想定していただいた相手について、明日からはあらためてどういう意識を持って「みる技術」を使ってみたいか考えてみてください。

たとえば、

「先ほどやってみたワークのなかで△が多かったので、そのいくつかについて、あらためて注目するようにしよう」

ということでもよいでしょう。

「主観的判断について説明できるかどうかわからないから、そのための判断基準を探してみたい」

でもいいかもしれません。

「いままで家族構成など全然気にしたことがなかったけれども、じつはそこも大切かもしれない」

で、整理してみたい」

「主観的判断と客観的事実の間にきちんと線引きがされていなかったかもしれないの
などと人によってさまざまだと思います。

そうやって実際に知っている相手に「みる技術」を重ねることで、お伝えしたような思考方法に慣れていくのです。

chapter 3

きく技術——「認める×気づかせる」

コミュニケーションでもっとも大切なのは〝きく〟ことである

この章からは、2つめの技術〝きく〟について考えてみましょう。
「きく」に対しても、やはり色々な漢字が当てられます。

- **音を感じるという意味での「聞く」**
- **傾聴、注意して耳に入れる、アクティブ・リスニングの「聴く」**
- **尋ねて答えを求める「訊く」**
- **調べて判定する意味での「利く」**
- **効果が現れるという意味の「効く」**

以上があります。

この5つのうち最初の「聞く」は受動的、あとの4つは能動的・積極的な行為です。また、最初の3つはその場での「きく」で、あとの2つは、あとあとにも「きいてくる（時間的経過がある）」ものです。

最初の「聞く」は、たとえば電車のなかでアナウンスがなんとなく耳に入ってきていて、自分の降りる駅がアナウンスされると急に「聞こえた」と感じる、そういう場面を思い浮かべれば受動的な行為であることがわかると思います。

降りる駅がわからない、乗り換え情報を知りたいと思っているときは、車内アナウンスに耳を立てます。これは注意して「聴く」であり、積極的な行為です。

2つめの「聴く」に関しては、よくアクティブ・リスニングとも結びつけられます。アクティブ・リスニング講座などに行くと「聴」という文字から「耳と14の心」でしっかり心を込めて聴きましょうとか「耳＋4の心」、つまり聴覚以外の知覚も動員して聴きましょう、というようなことが言われます。

単に聴覚だけでなく視覚、触覚、嗅覚、味覚、すべての知覚を働かせるつもりで相手の話に耳を傾けるのが、アクティブ・リスニングです。

知識や知覚を総動員して、相手が話しやすい環境を整えるということです。

3つめの「訊く」について。

私は産業医として色々な方と面談をおこなっていますが、面談に来てもなかなか話し出さない人もたまにいます。そのようなときは、いきなり本題から入るのではなく、天候の話はもちろん、趣味やニュースの話など、話の糸口になりそうな話題をいろいろと考え、相手に投げかけます。

色々な角度、種類の題材で相手の話しやすい内容を「訊ね」ます。

「利く」と「効く」は時間的な変化も含まれると前述しましたが、とくに「効く」は、上司に話を聞いてもらった人が翌日になって、

「ああ、昨日は話を聞いてもらえてよかった」

「あんなふうに言ってもらったんだから、今日もがんばろう」

という効果として現れてくる「効く」です。

「きく技術」を持っている人がこれらすべてを意識しているかというと決してそんな

ことはありませんが、上手に「きく技術」を使っている人たちに共通してあるマインドとして「きく」ことは「認める」ことと「気づかせる」ことだとわかっているのだと思います。

そう、**「きく技術」とは「認める」ことと「気づかせる」こと**、すなわち気づきを促すことだと定義しています。

きく＝認める×気づかせる

では「認める」とはどういうことでしょうか。

「認」という字は「言う」を「忍《しの》ぶ」と書きます。

要するに「言うことを我慢する」、つまり**「黙っている」**ということです。

産業医面談を通じて感じているのですが、優秀なリーダーほど、部下が何か相談をしにきたときに2割くらい聞いて「わかった、わかった。解決方法は……」と即返答してしまう傾向があります。

部下がその回答を本当に望んでいるのならよいのですが、じつは部下は解決策を知りたいのではなく、ただ話を聞いてほしいということがよくあります。そういう場合に大切なのは、やはり〝言う〟を〝忍んで〟「黙ってきく」ことだと思います。

「気づかせる」ということについてですが、これは相手のよくないところ、気づいていないところ、足りないところを指摘するのではなくて、**本人の気づきを促す**ということです。自分が知りたいことを直接疑問として相手にぶつけるのは、上手なコミュニケーションではありません。

一方、いい質問、学びにつながる質問を上手に投げかけると、相手がそれに答えるうちに何かに気づくということはよくあります。

そういうことができるのが「きく技術」を持っている人の「きく」なのです。

これが上手なコミュニケーションに繋がります。

「認める」と「気づかせる」については、のちほどもう少し詳しくお伝えいたします。

きく「場」をつくる

「認める」「気づかせる」の前に大切なことがあります。

それは、きく〝場〟をつくることです。

たとえば、あなたが誰か気になる人に「ちょっといいですか？」と声をかけるときに、人混みのなかで声をかけますか？　もしくは人混みのなかで部下から「ちょっといいですか？」と声をかけられたときに、その場で返答しますか？

上手に「きく技術」を使う人たちは、人前で悩み相談に応じたりせず、どこか落ち着いた場所に移動したり、余裕のある時間帯にあらためて話そうと考えるでしょう。

あなただったら、**どういう「場」で、またどういう「時間帯」で相手と話したいか、**考えてみてください。

そこが会社なら会議室を借りるとか、カウンセラーの方なら自分のカウンセリングルームがいいとか、会社の人が来ないようなお店でご飯を食べながらとか、個室のある居酒屋とか、午前中より午後がいいとか、逆に延々と続くのはイヤなのでお昼休み後半の限られた時間にするとか、工場勤務の方なら12時になればチャイムがなるので11時半からがいいとか……さまざまあると思います。

「ちょっといいですか？」で始まるコミュニケーションはあなたにとっては何分くらいが適当なのか、考えてみてください。

30分くらい、1時間くらい、2時間くらいとそれぞれの考えがあるでしょう。

ただ、やりやすい時間帯かどうか、相手にとって都合がいいかどうか、あるいは自分が次に予定があってチラチラと腕時計に目をやったりしないで済むかどうか、そういうことが雰囲気づくりには関わってきます。

相手と自分にとって話しやすい、聞きやすい〝場〟とはどのような状況なのか、考えてみましょう。

空間的な場、時間的な場、これ以外にもじつは〝場〟にはもう1つ大切な要素があります。それは相手の話をきくにあたり「相手が安心して話せるような場」にするということです。

「ここでは相手は安心できるか？」を意識する

人によっては、カウンセリングルームをリラックスできる光加減にしてみたり、アロマを焚《た》いてみたりとあるかもしれません。

また、2人の物理的距離感、椅子の配置などを考えるかもしれません。

私の場合は、**言葉で相手の安心感を得る**ことを意識しています。

1つ具体例を挙げます。

産業医の業務には「残業時間が多い」ということが理由で、会社から勧められて産業医面談に来られる方もいます。

こういった方々は、自分から相談があって産業医面談に来られる方に比べ、面談を面倒くさく思っていたり、最初は警戒心を持っている方もいます。

私は、初めて産業医面談に来られた方には、常に最初に次の3点を説明します。

① 面談内容は、医師の守秘義務があり職場には内緒であること

② 面談内容で医学的に深刻な問題がない場合は、会社には〝健康相談〟や〝過重労働面談〟をおこなったという記録のみが残ること（つまり、ほかの内容は何も残らないこと）

③ 仮になんらかの医学的状況で、産業医から会社に何かコメントして配慮を求めたほうがいいと判断したときは、必ず相談者に「何を言っていい」「言ってはダメ」など相談して、会社に開示する内容を決めること

このような説明により、相手が安心して話せる「場」をつくります。

同様にメンタルヘルス不調者を出さない上司や、リーダーシップのある人というのは、自分のやりやすい枠組み、場づくり、雰囲気づくりができています。

いつもの部下からの相談だったら、いつもの店に行ってランチの1時間を充てるという人もいるでしょうし、夕方、仕事の流れが少しゆっくりになったころに目立たない会議室でという人もいるでしょう。

そういう自分の場を持っていることが大切で、そうでないとあたふたしながら会議室を探して、適当な場所が見つからないということになりかねません。

また会議室なら座る場所も「相手がここに座ったら自分はここ」というように決まっているところがいいです。

自分がラクでやりやすい場もあれば、緊張してやりにくい場もあります。

やりやすい雰囲気づくりのために、まずは、きく〝場〟をつくりましょう。

姿勢を向け、呼吸を合わせ、順番に聞く

次に「きくコツ」の話です。

たとえば私が産業医面談をしていて「自分は会議室のここに座って、相手には向かいに座ってもらえればやりやすい」という場が決まっているのに、ときどき離れた席や斜め向かいなどに座る相談者がいます。そういうときにどうするか？　と感じるかと思いますが「きくコツ」を押さえておけば問題ありません。

「傾聴」「アクティブ・リスニング」という言葉がありますが、これは実際に上手にやるのはなかなか難しいと思います。

否定するわけではありませんが、傾聴には正しいやり方と手順があり、それが多すぎて実践するのは難しい人も多いかもしれません。

私が管理職研修などでお話しするのは、まずは次の3つの行動です。

きく際に意識すべき3つのこと

① 姿勢を向ける

まず1つめ、姿勢を向けましょう。

相手が正面に座ってくれればいいのですが、そうではなくて斜め向かいやコーナーを挟んで横に座るという場合があります。

おそらく心理的な距離や警戒心の現れですが、そういうときは首だけを向けるのではなく肩のラインを相手のほうへ向ければよいでしょう。

姿勢に関連していえば、スマホをいじりながら、などというのはもってのほかです。

また、メモを取るのは相手の話にちゃんと向き合っているという印象になるのでよいと思いがちですが、相手によってはメモを取られるのは「証拠があとに残るのでイヤだ」ということもありますから、配慮は必要です。

② 呼吸を合わせる

大切なのは呼吸を合わせることです。

よく「相手の目を見て話しましょう」と言われますが、視線を合わせると威圧的に感じて苦手という人もいます。

「ネクタイのあたりを見て」などという意見もありますが、ネクタイを見ていると逆に「目を見てちゃんと話を聞いてくれない」と思う人もいるようで、どこを見たらいいか正解は難しいかもしれません。

私は、目を見るより呼吸を合わせることを意識しています。

呼吸を合わせようとすれば、必然的に相手の口元や胸・肩の動きなどを見ることになります。

相手を注視することになりますし、少なくとも余計なことに気をとられないで済みます。

③　順番に聞く

3つめは、順番に聞くということです。

いきなり本題に入らないで「最近、体調どう?」「仕事はどう?」などと相手が答えやすい質問から、外側から順に聞いていきましょう。

職場のストレスや悩みのことは警戒してなかなか話してくれなくても「家族はどうしているの?」とか「趣味は何?」というような話なら会話になるという場合は少なくありません。

時間的な制約があって本題から始めざるを得ないときもあるかもしれませんし、どういう順番がいいか、時と場合によって変わってくるので正解はありませんが、ここでは順番に聞くということだけ意識しておいてください。

たとえば仕事でつまずいたときのことを話す場合も「仕事関係は最近どう?」「やりにくいことはないですか?」「どういうところがやりにくいの?」「あ、それで前にちょっとうまくいかなかったんですね」というふうに、外側から順番にきくということを心がけるといいと思います。

「きく技術」ケーススタディ

抽象的な話が続いたので、もう１つ具体例を挙げます。

たとえば、産業医の過重労働面談の場合、相手にいきなり、

「あなたは長時間残業していますね。身体に悪いからどうにかしましょう」

とは言いません。

たとえばこのようなことを言います。

◆

「今日はどうして面談に来ましたか？　自分からですか？　会社に言われましたか？」

「お忙しいですか？」

「それはいつから忙しいのですか？　また、いつまで続きそうですか？」

「何時くらいに出社して、また、帰宅しているのですか？」
「そうすると布団に入るのは何時くらいですか？　朝起きるのは？」
「すぐに寝つけていますか？　夜中に起きたりしませんか？」
「週末はどのように過ごしていますか？」

◆

このようにことこまかに聞いていくと、家族や趣味の話が出てくることも少なくありません。むしろ相手にとって話しやすい話なのでよく出てきます。

その後「職場では自分だけが残業や業務が多いと感じていないか？」など、不公平感の有無を確認。あるのであれば具体的に内容を聞いていきます。

業務が多いのか、サポートがないのかなど、いきなり聞いては相手も警戒して何も話してくれない内容も、話が盛り上がったあとなら話してくれることが多いです。

少なくとも、いきなり「職場にストレスありますか？　何ですか？」とは聞かないことです。相手にとって話しやすい内容をうかがい、そこから関係性を築き、少しずつ本題へと進むように意識しましょう。

「言うを忍ぶ」「話すよりも聞く」「存在を認める」

前項であげた3つは「きく」ときの具体的な行動ですが、次は「どうしたら認めることにつながるか」という、「きく技術」の際のマインド・心構えです。

「きく技術」の際の3つのマインドセット

（1）言うを忍ぶ

まず1つめは「言うを忍ぶ」です。

先にも「きく」ことは「認める」ことと「気づかせる」ことだとお伝えしました。

大切なことなので繰り返しますが「認」という字は「言う」を「忍ぶ」と書きます。

要するに黙っているということです。

よくありがちなのが、部下が「ちょっといいですか？」と相談してきたときに、上司は経験豊富ですから部下の話をちょっと聞いただけでもうわかってしまい「そういうときは、こうして、ああして」とアドバイスをしてしまう、というものです。

しかし部下はアドバイスがほしくて話しに来たとは限りません。

多くの場合、相手はアドバイスがほしいわけではなく、話を聞いてほしい、状況をわかってほしいから来るのです。

人間には耳が2つ、口は1つです。

つまり話す2倍は聞きましょうということです。

とくに優秀な上司こそ、言うを忍んで相手の言うことをききましょう。

それによって相談をしに来た相手は、自分のことを認めてもらったと感じます。

（2）話すよりも聞く

じつはもともと私は外科医で、もちろん研修を受けて産業医の資格は取りましたが、精神科や心療内科の医師のようにメンタルヘルスに関係することが専門だったわけではありません。

産業医を始めたころは産業医面談でも気の利いたことが言えず、面談に来られた方の話をただきくだけ、ということもよくありました。

いまでも覚えていますが、最初の産業医面談の相手は40代男性で、第一声が「先生、最近なんだかうまくいかないんです」と。

そして2人目は30代の女性で「先生、私、近ごろ怒りっぽくなっています」と。

前日まで開腹手術をしていた私には、相手に何を言っていいかわかりません。

しかたがないので「きく」ことに徹するよりなかったわけです。

ところが相手の方は、私が話をきくだけで最後はすっきりした顔になって帰っていくということがあり「きく」ことの効果に驚いた経緯があります。

当時はもちろん「きく技術」などということを考えていたわけではありませんが、

その後いろいろ勉強をし、経験を積むうちに「きく」ことは「認める×気づかせる」ことではないかと思い至り、いまは面談でもこの2つを常に意識しています。

(3) 存在を認める

それからもう1つ、想像することも大切です。

傾聴というとよく「共感しましょう」と言われますが、相手に共感するというのはそれほど簡単ではないでしょうし、そんな気にはなれないと思うかもしれません。

先ほども述べたように私は傾聴を否定するわけではありませんが、共感できなくても、したくなくても構わないと思います。

ただ、想像はしてみましょう。

相手がどれくらい苦しいのか、想像してみてください。

それが相手の存在を認めるということにつながります。

相手に〝自分で気づかせる〟方法

「姿勢を向ける」「呼吸を合わせる」「順番に聞く」。

そして「言うを忍ぶ」「話すよりも聞く」「存在を認める」。

この6つの「きくコツ」を意識していくと、あえて自分がアドバイスしなくても、ところどころ質問を織り交ぜていくだけで、この章で最初に挙げた「利く」と「効く」ができていきます。

上手にきくことのできる人は、自分が話す少ない時間のなかでアドバイスはあまりしません。

その代わり、相手のためになる効果的な「質問」をします。

自分の知りたいことをきくことを「疑問」と言いますが、相手のためになること（気づかせること）をきくことを「質問」と言います。

そうすると結局どうなるかというと、相手に自分で気づかせることができるのです。**自分で気づかせるというのは言葉を変えれば、相手の視点を変える、新しい認知を与える、認知を変化させるということです。**

人間は言っても変わりません。だからアドバイスということは考えません。

ひたすら聞いて、たまっているものを出させることも「きく技術」で、それだけで相手に自己重要感を与えることもできます。

アドバイスはしない

アドバイスとは「助言」「忠告」「勧告」のことと辞書には載っています。

質問するという意味の「訊く」が、相手の視点を変え、自分で気づかせるために有効な場合が少なくありません。

あえて答えがわかっていることや、もしかしたら相手もわかっているかもしれないことを訊くこともあります。

そうして相手に再認識してもらうためです。

悩みや迷いのある人には目の前のことしか見えていないことや、事実と想像がごちゃ混ぜになっていることがよくあります。

もし相手の視野が狭くなっている、あるいは近視眼的になっていると思われたら、少し視点を変えて俯瞰《ふかん》的《てき》な視野が得られるような質問を考えましょう。

また相手が勝手に思い込んでいること、想像していることと、じつは違うということに気づくような質問もできるでしょう。

相手の間違いを指摘して「違うよ、それは」などと言ったところで、相手には通じません。

たとえば「最近どんどん仕事ができなくなっているんです、このままではクビになってしまうかもしれません」と相談されたとしましょう。

仕事ができなくなっているというのはその人の実感であり、ウソではないのですから「そんなことはないよ」と否定しても話は続きません。

そういうときは**「誰かに叱られたり、成績が落ちて問題になったりしたの？」と質問してみると「いや、そういうわけではないけれど」ということが多い**のです。

悩みや迷いがあって不調の人の多くは「悪いのはすべて自分のせいだ」と思い込みがちです。

そういうやりとりのなかで、自分ではそう思っているけれども、事実として何か言われたわけではないというのがわかってくる、事実と事実ではないことの区別がついてくる、自分が一人で悪い方向に考えすぎていることに気づくことができる。それが「きく技術」のすごいところです。

「きく」ことによって自分で気づかせる、認知させることができるのです。

そもそも人は、話すことによってスッキリします。

厚生労働省の調査では**悩みやストレスを感じている人は話すだけで約9割が楽になったというデータが出ています。**

そういう相手にきちんと向き合うことで、相手にサポートされているという安心感を与えることができます。

そしてさらに気づき、つまり認知を相手にもたらすことができるのです。

そういうことを「きく技術」を持っている人はやっているのです。

私は「みる」「きく」「はなす」のなかで、この「きく」がもっとも大切だと思っています。

とくにカウンセラーなど心理系の職種の方や、人と接する人事の方には「きく技術」をぜひとも意識していただければと思います。

あなたも、先ほど想定している相手に対してどのように「きく技術」を生かしてみたいか、ぜひあらためてお考えください。

どの漢字を意識しての「きく」でもいいですし、

「存在を認めてもらったと相手が感じるような聞き方をしてみよう」

「次回はアドバイスをせずに30分ひたすら話を聞こう」

でもよいでしょう。

相手の視点を変えて気づいてもらうために、こういう質問を投げかけてみたいという具体的なことが思い浮かべば、なおいいです。

「上司が帰らなければ部下が帰りづらい問題」

部下の立場に当たる人が抱える悩みの多くに「上司が帰らなければ帰りづらい」というものがあります。これについて少し考えてみましょう。

私がそういった方に話をするケースだと、たとえばP108の「きく技術」ケーススタディの例で言うと「週末の過ごし方」を聞いたあとくらいに、ときにより「平日の趣味はありますか?」と聞いて、早く帰るモチベーションがあるのか否かを確認することがあります。

また「趣味の時間を持てたあとは気分はどうですか?」など、趣味には気分転換効果があることを自覚していただいています。

そして最後のほうに、

「あなたの部下は何時くらいまで残っているのですか？」

「あなたが趣味で早く帰る日は、部下は何時くらいまで残っているのですか？」

と聞いていきます。

多くは、上司が早く帰る日は部下も早く帰っています。

そのことを認識していただくためです。

「どうして、部下はほかの日は早く帰っていないのだと思いますか？」

「部下は、気分転換や趣味は何をしているのかご存じですか？」

などと聞いて、自分にとって趣味の気分転換が大切なのであれば、部下にとってもそうだということや、過重労働をしている上司自身に、自分が遅くまで働くことが、部下の気分転換や趣味の時間も奪っている可能性を認識してもらいます。

他人に「あなたが帰らないと部下も帰れず、気分転換できない、迷惑だ！」と言われても、言われた上司は改善してくれません。もっと意固地になってしまう可能性のほうが高いです。

それよりも、

「自分は趣味をすると気分転換になる」
←
「趣味をするために早く帰ることがある」
←
「その日は部下も早く帰っているようだ」
←
「普段早く帰らないのは、もしかして私が残っているせい？」

と気づいてもらうのです。

また、自分が趣味の時間を持てると嬉しいように、部下もそのような時間を持てるように意識しているか（多くはしていない）を認識していただき、そのように考えるきっかけをつくるようにしています。

chapter
4

はなす技術——「期待を示す×任せる」

上司から部下への「はなす技術」

第3の技術として「はなす」ということについてお伝えします。
「はなす」を漢字で書くと、

- **言葉で相手に伝える「話す」**
- **手放す、握っているものを解き放つという意味の「放す」**
- **距離や空間を分離するという意味の「離す」**

以上の3つの意味があります。
「放す」と「離す」の2つは、自分の持っているものをはなす、時間空間的距離をはなすということで、とくに会社のリーダーや上司にとっては、部下との距離感として意識していただきたい「はなす」です。これは部下との単なる物理的・空間的距離感だけではなく、接する時間という意味での適切な時間的距離感も含みます。

できるリーダーは適切な距離をもって上手に「はなす」ことによって、相手に自主的に動いてもらっています。

はなして相手に任せることが、相手に主体性を持って動いてもらうことにつながるからです。

ちなみにこのときに「任せる」ことと「委《ゆだ》ねる」ことを混同してはなりません。

任せるというのはすべてを委ねることとは違います。

よく部下に全部任せっきりであとは放置という人がいますが、これはもちろんよくありません。自分がよくわからない業務があって、それを部下に丸投げしたとすれば、それは任せたのではなく無責任に委ねたということです。

任せているのか、委ねているのか、はたから見ただけではわかりにくいこともあります。そのようなときは、上司の部下に対する「会話の言葉＝話し言葉」に注意する

とわかることもあります。

たとえば、部下にかける言葉で考えると、〝はなす〟ができている上司は部下に「がんばって〝いる〟ね」と言います。できていない上司は、「がんばってね」と言います。

この違い、おわかりいただけるでしょうか。

部下に花を持たせる

メンタルヘルス不調者やハラスメント被害者を出さない上司、リーダーシップのある上司は、3つの「はなす」のほかに、もう1つ「はなす」ができています。

私はあえてそれを4つめとして、花を持たせる意味で「華す」としています。「華す」とは、相手に任せて成功体験を積んでもらうことが、部下の成長につながるという意味です。「放す」と「離す」ができてはじめて「華す」ということが可能になります。

リーダーシップのある上司、ハラスメント被害者やメンタルヘルス不調者を出さない部署のコミュニケーションが上手な上司というのは、部下に仕事をただ任せるだけでなく、小さいながらも成功体験を積ませるということを繰り返し経験させます。

もちろん「はなす技術」のある人たちが、常にそういうことを意識しているわけではないでしょうが、おそらく共通して「はなす」ことによって「期待を示す」ことと「任せる」こと、すなわち主体性を持たせることができるとわかっているのでしょう。

このように私は**「はなす技術」を「期待を示す×任せる（主体性を持たせる）」**と定義しています。

「期待する」と「期待を示す」は違う

さて、この「期待を示す」ですが、これは「期待すること」とは違います。

よくメンタルヘルス不調で休職になった人の上司と話すと「○○さんには期待していたんだけどなあ」と言われることがあります。本心かもしれませんが、もしかしたらその上司は「休職者を放っておいたわけではない」と主張したくて、そう言っているのかもしれません。

けれども「はなす技術」を持っている人は違います。

相手に期待をするのではなく、期待を〝示す〟のです。

「期待する」は単に自分が期待するという行為なのですが、その期待に応えるか否かという責任が相手に委ねられてしまっています。

しかし、よく考えてみると、自分が期待をしているから相手がやらなければならない、という道理は何もありません。

本来「期待する」のは自分の勝手な行為なのだから、その責任は自分にあるべきはずなのに、いつのまにか期待に応えるか否かは相手の責任になってしまうのが、「期待する」という行為なのです。勝手に相手に期待しておきながら、相手が期待通りにやってくれなかったときにイライラして相手を責めるというのは筋違いです。

期待をするというのは、自分の行為に見えますが最終的には「他責」の行為です。

一方、期待を示すことも同様に自主的な行為ですが、あくまで期待を示すのみで終わり、相手の責任にするものは何もありません。

大切なのは自分が期待を示したとき、相手が「その期待に応えたい」と思ってくれるかどうかです。誰でも、知らない人や好きでもない人から期待を示されてもわずらわしいだけですが、尊敬している上司から期待を示されたら人は自発的に期待に応えようと思うものです。つまり示された期待に応えようとするかどうかは、自分と相手の関係性のなかで成り立っているのです。相手のことを尊敬していたり、大切に思っていれば相手は期待に応えようとしてくれるでしょうし、良好な関係性でなければ、相手は期待に応えようと思いません。

期待を示すことはあくまで自分の行為であり、かつ「自責」の行為です。

なぜならば相手がその期待に応えてくれるか否か、応えようとしてくれるか否かは、自分と相手の関係性によるものであり、その関係性はあくまでも自分の責任だからです。

小さな成功体験を主体的に積ませる

「はなす技術」には期待するだけではなくて、期待を示すことが含まれますが、示した期待以上に、その背景にある関係性も大切だということがおわかりいただけると思います。繰り返しになりますが、期待を示すのは自主的な行為であって相手がそれに応えてくれなくても責任は相手にはありません。

もし相手が期待に添うように動いてくれないとすれば、まずは相手との関係性を構築することから始めるべきでしょう。

期待を示して相手に主体性が生まれたところで任せて、小さな成功体験を積ませる、それによって相手の主体性がどんどん膨らんでいく。

「はなす技術」を持っている人がやっていることは、そういうことです。

人の生産性というのは安心できる環境、安全でポジティブな環境のなかで非常に伸びます。反対にネガティブな感情が渦巻いているようなところでは人の生産性や能力は伸びません。

「はなす技術」を持っている人はポジティブな環境をつくることができます。

その第一歩はポジティブな関係性なのです。

「ほめどころピラミッド」を使う

では相手とよい関係性を築き、期待を示すにはどうしたらよいでしょうか。

それは「ほめる」ことです。

「ほめる」というのは、事実を好意を持って伝えることです。

ちなみに「ほめる」は「おだてる」とは違います。事実でないことを伝えた場合「おだてる」「お世辞」と言います。あくまでも好意を持って事実を伝えるのが「ほめる」です。そこに下心は不要です。ときに下心を持って「ほめる」を実践している人たちもいるようですが、それはすぐにわかってしまいます。

ほめる技術として大切なのは「すぐにほめる」「そのときにほめる」ということです。

たとえば1年前のことをほめられても、誰もあまり嬉しくないでしょう。

「どうせほめるなら、そのときに言えよ」と思われてしまいます。

それから**具体的にほめることも大事**です。

いつも「ありがとう！」「すごい！　すばらしい！」ばかりでは、よくわかりません。

「○○をしてくれたのがよかった」

「○○をしてくれて嬉しかった」

と具体的に伝えましょう。

それができていれば、色々な言葉でほめるというポイントも押さえられます。

具体的な事実を好意としてすぐに伝えるという「ほめる技術」が、結局のところ相手との間にいい関係性を築き、示した期待に応えようという相手の態度につながってくるのです。

ただ、管理職研修でそういう話をすると、

「あの部下には、どうしてもほめるところが見つからないんですが、どうやってほめたらいいんですか？」

と質問されることがあります。

大丈夫、ほめるところはあります。

そこで使えるのが「ほめどころピラミッド」です。

これは、一番下の階層の「環境をほめる」から始まって、一番上の「存在をほめる」まで、ほめる技術を段階的に表したものです。

たとえば「ネクタイがいいね」「机がいつも整頓されていていいね」「おしゃれな服装だね」などは一番下の**「環境をほめる」**にあたります。

次の段**「行動をほめる」**です。結果ではなくとりあえず行動をほめます。

その次**「能力をほめる」**、これも結果ではありません。

それから**「考え方をほめる」**、そして最上段として**「存在をほめる」**というふうになります。

「ほめどころピラミッド」を使おう！

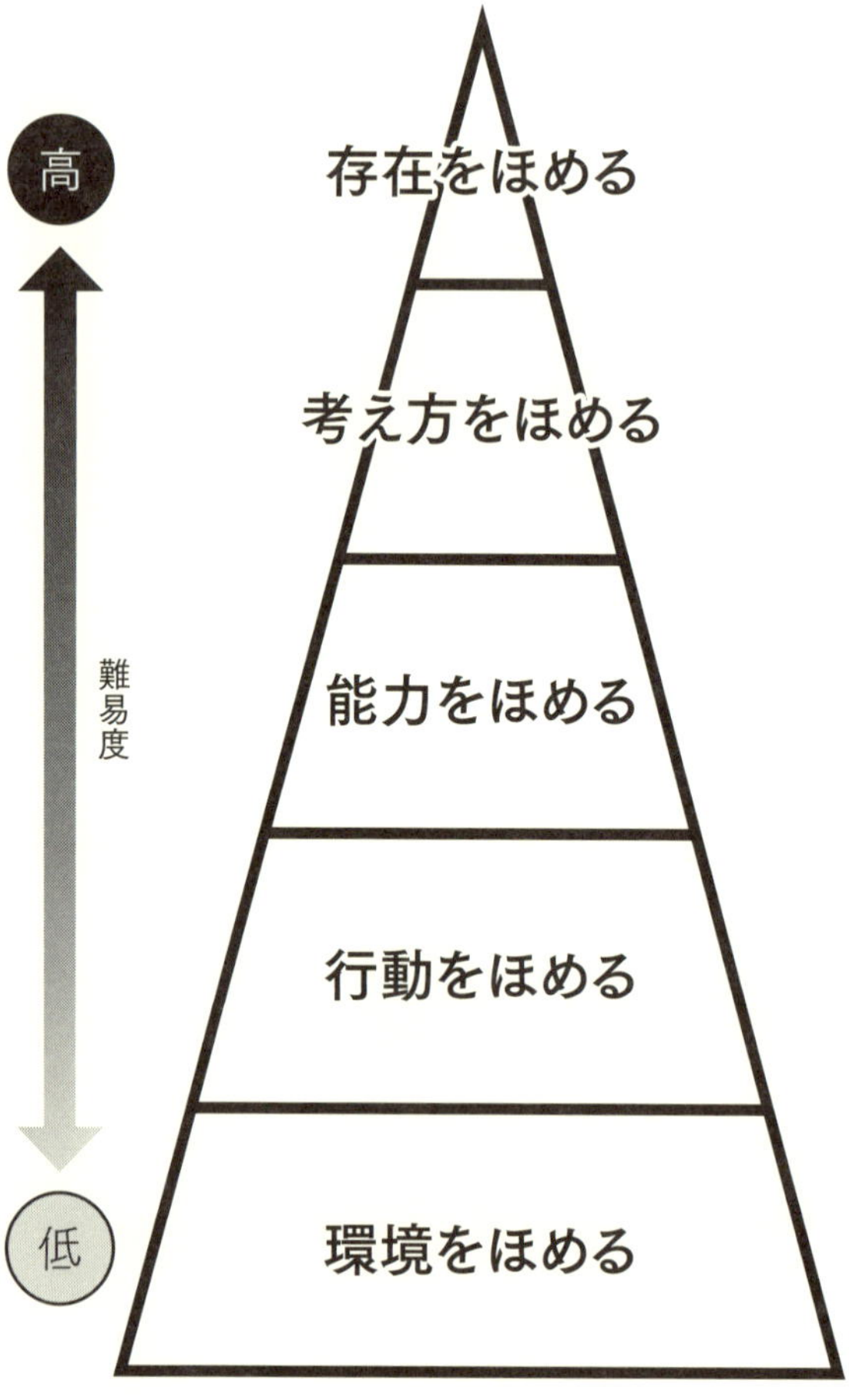

ピラミッドの上に行くほどほめられるほうは嬉しいですが、ほめるほうも何か特別なことがないとほめるのが難しくなります。

でも下のほうは割と簡単に見つけられるのではないでしょうか。

具体的にほめてみよう

いくつか例を挙げてみましょう。

「A社に行くときは新調したスーツでビシッと決めて行ったもんね。それが決め手になったかもね。さすがだよ」

これはピラミッドの最下段、環境をほめています。

「何度も何度も営業の電話をかけてくれていたよね。そういうことができるのはあなたしかいないね。すばらしい」

と行動をほめることができます。

「あの取引先の担当者相手に大変だけれども、君の忍耐力はさすがだね」

「クライアントさんといい関係を築けたのは、〇〇さんの営業力と人間関係構築力がすごいからだと思うよ」

というのは、能力をほめていることになります。

「これだけがんばれたのは、お客様のためになりたいという気持ちと自分を成長させたい向上心があったからだと思うよ！」

と言って、考え方をほめることもできるでしょう。

そして、

「〇〇さんと一緒に働けることを誇りに思うよ」

「〇〇さんがいるから、この部署が元気になっていると思うわ！」

「あなたの存在がチームにいい影響を与えてくれています」

これらは相手の存在そのものをほめる、ピラミッドの最上段のほめ言葉です。

こう考えていくと、ほめるところはあるものだと思いませんか？

ほめることによって相手の自己肯定感が高まり、やる気が上がります。ほめることによって自分の好意も伝わりますので、期待を示したときに相手がその期待に応えようと思ってくれます。

誰だって、自分が尊敬する人や好意を持っている相手にほめられれば嬉しくなって、もうちょっとやってみようかと思うでしょう。あなたも具体的に、気になる部下や行動の変化を求めたい人に、どの段階のほめるでもよいので試してみてください。

実際にそのほめ言葉を伝えてみてうまくいったなと思った場合は、次にほめどころピラミッドの一段上のほめどころを探してみてください。

そうやって対象者とのいい関係を構築できれば、期待を示すことによって相手は自発的に期待に応えようとしてくれるかもしれません。

自分の頭で動く人の育て方

「はなす技術」が上手にできている人というのは、意識してか無意識なのかはわかりませんが、相手のいいところを見ようとする姿勢を持っています。

逆に「はなす技術」のない人は、なかなか相手のほめどころが見つけられないかもしれません。

一番よくないのは粗探《あら》しです。

粗探しなどせず、それとまったく逆の方向で、相手の「いいところ」を見つけようとするマインドが大切です。

「相手をほめよう」「いいところを見よう」と思って接するだけで、自分の好意が相手に伝わります。

するとこちらが「期待に応えろよ！」と思うことなく、相手が勝手に「期待に応えよう」と思ってくれます。つまり主体性を持ってくれるのです。

主体性を持ってくれれば「はなす技術」の要素である「任せる」ことができ、それによって相手がうまくいって小さな成功体験を積むことも可能になります。

「はなす（任せる）から、はなひらく」という、いい循環が生まれるのです。

部下に主体性を持たせる4つの要素

主体性についてですが、その人自身、つまり**「あなたが持っている主体性以上のものは、相手には持たせきれない」**というのが原則です。

つまり、あなたの器《うつわ》以上の主体性は、部下に教えることはできないのです。

では主体性がどういうものから構成されているかを考えてみましょう。

主体性を構成する４つの力というものがあります。
早速それぞれ見ていきましょう。

(1) みる力

1つはまず「みる力」「任せられる人を見つける力」があるということです。
たとえば任せることが決まっているなら、それにふさわしい人を見つける力です。
これはあなた自身のものです。

(2) 構築力

2つめに、任せる仕事のやり方を伝えるのは上司であるあなた自身ですから、上司自身がノウハウをしっかり構築できている必要があります。

(3) 教育力

3つめとして、任せられる人を育てるための教える力があなたにあるかどうかです。

教育力の問題ですが、これは教えるスキルだけではなくて時間的な余裕ということも含まれます。あなた自身に余裕がなくて「見て学べ」というスタンスだとしたら、下の人たちが主体性を発揮するようには、なかなかならないでしょう。

(4) 負う力

そして最後に、任せた仕事の最終責任やリスクを負える力があるかどうかです。

部下に仕事を任せてうまくいけばそれに越したことはありませんが、途中で「ちょっとヤバイです」と相談してきた、もしくは失敗してしまったときに、その責任を自分で負う力があるでしょうか。

責任を負う力がない上司ほど、部下に任せようとはしません。

任せることが怖いと、部下の主体性が発揮される機会は生まれません。

「みる力」「構築力」「教育力」「負う力」。

どれも非常に大切な要素です。

この４つの力を、どれほどバランスよく備え持っているかで、その人の器が決まってきます。

こうやって考えてみると「はなす」というのは自分の行為ですが、自分が持っているもの以上ははなせないということがわかります。

自分の持っているほめる技術以上のものは出せないし、自分の持っている主体性以上のものを相手に求めることはできません。

これらのことを意識して「はなす技術」を使ってみてください。

chapter

5

ワンランク上の職場のコミュニケーション

原因の解決は必須ではない

本書もいよいよ最終章になりました。

ここまで「みる」「きく」「はなす」それぞれの技術についてお話ししてきましたが、最終章ではいくつか注意事項についても見ていきましょう。

まず大事なのは、不安や悩みを抱えていたりストレスをためていそうな部下や知人に相談されたときに「原因の解決は必ずしも必須ではない」ということです。

もちろん相談者が原因の解決を求めていて、実際に解決できれば一番よいのですが、不安、悩み、ストレスの解決が必ずできるとは限りません。

たとえば会社で仕事の量が多く拘束時間も長い、仕事の質的に負荷が重い、対人関係がうまくいかない、などのネガティブストレス増強要因があったとします。

これを減らしたほうがよいとわかっていても、そう簡単なことではないでしょう。ストレス増強要因を減らせなければお手上げかというと、そんなことはありません。

同じ長時間労働でも、本人が小さな成功体験を積み重ねることで成長実感を得ていたり達成感を覚えている場合、ストレスはより少なくなります。

チームとしての連帯感、団結力をポジティブに感じることで、同じような状況にもやりがいや楽しさを見出すことができることもあります。

達成感や時間的裁量権、同僚・上司の支援など、仕事のストレス緩和要因を増やすことができれば、ストレスは減らすことができるのです。

解決ではなく「緩和」にフォーカスする

メンタルヘルス不調者を出さずに上手に部門をまとめている上司やリーダーシップ

のある上司というのは、ストレス緩和要因にフォーカスできています。

ストレス緩和要因とは、達成感や裁量権（自分で選べること）を指します。

達成感はボーナスなど「金銭」のほかに「ほめ言葉」や「表彰」などでも与えることができます。チームワークや団結力があれば、達成感はさらに倍増します。

裁量権を持てると人はストレスの感じ方が減ると言われています。

仕事上の判断に関する裁量権を委ねることはできなくても、有休を取りやすくするとか、早く帰ることのできる日をつくるなど、時間的裁量権を与えることは組織として比較的やりやすいと思います。

時間的裁量権は、気持ちの〝ゆとり〟につながっています。

私は過重労働面談をするときに従業員の方に必ず、

「いつも何時ごろに帰りますか？」

と聞きます。そしてたとえば「いつも21時に帰る」と答える人に、

「平日、何か習いごとをしたり、友達と遊びに行ったりはできますか？」

と訊ねて、これに対して「できる」と言う人は大丈夫です。

「いつもは21時だけれど、2週間に1度、木曜日に料理教室に行っています」

「この日は家族のイベントがあるので早く帰らせてもらえる」

など、遅くまで残る日と、早く帰る日をコントロールできる時間的裁量権のある人は比較的ストレスが少ないのです。

反対に、

「いつも19時か20時に帰るけれど、仕事がたまると遅くまで残業せざるを得ないので、予定が入れられないのです」

というような人のほうが、大きなストレスを抱えているかもしれません。


企業によっては〝ノー残業デイ〟を導入しているところもありますが、私の実感としては、何か問題が発生する可能性を考えると、ノー残業デイというのは無理があると思っています。

そうではなくて、たとえば1人ずつ月に1～2度は18時に帰れる日を決めて「あの人が18時に帰る日には、部署の残り全員がその人を絶対帰らせるようにしよう」という提案をしています。

自分にも早く帰れる日があるのだから、別の誰かの番に何か仕事があったとしても、残り全員でカバーしようとします。一斉にノー残業デイなどとするよりも、順番に早く帰れるようなやり方を導入したほうが、ずっとうまくいくはずです。

達成感や時間的裁量権のほか、まわりからのサポートも大きなストレス緩和要因になりますし、最近では「会社へのエンゲージメント」などということもよく言われています。

会社へのエンゲージメントが高い人は、ストレス耐性も高い

「会社のことを誇りに思っていますか？」「自分の会社を友人に紹介したいですか？」と聞かれて「イエス」と答えられる人は、会社への思い入れ、すなわちエンゲージメントが高い人です。そういう人は職場での**レジリエンス（ストレス耐性）**も高く、職場でよりストレスを感じにくいとされています。

本書のはじめのほうで某企業の労災事件（自殺の件）に触れましたが、労災と認められる病気には脳梗塞や心筋梗塞など身体の疾患と、メンタルヘルスの疾患と2種類あります。

そのうち心筋梗塞、脳梗塞などの身体障害が労災と認められるのは、あきらかに残業時間が80～100時間を超えているケースが多いのです。

一方、メンタルヘルス不調などの精神障害で労災認定されているのは、残業80～100時間を超えている人ももちろんいますが、平成27年の労働者の実態調査を見ると、残業なしの人が約5％、20時間未満の人が約10％となっています。

つまり長時間労働とメンタルヘルス不調が直結しているとは、必ずしも言えないわけです。

このように、仕事の量が多いなどの問題がすぐに解決できなくても決してお手上げということではなく、ストレス緩和要因を増やすことで事態を改善することができるということを覚えておいてください。

「マズローの欲求段階説」を頭に入れながら、部下の話を聞いてみる

「マズローの欲求段階説」をご存じでしょうか？

これは心理学者アブラハム・マズローが１９４３年に唱えた説です。

人間の欲求を5段階で示し、最上段階である「自己実現の欲求」の実現に向けて人間は成長し生きるものであると仮定し、人間は低階層の欲求が満たされるとより高階層の欲求を満たそうとするとしています。

その5段階は下の階層から「生理的欲求」「安全の欲求」「所属と愛の欲求」「承認・尊重の欲求」「自己実現の欲求」となっています。

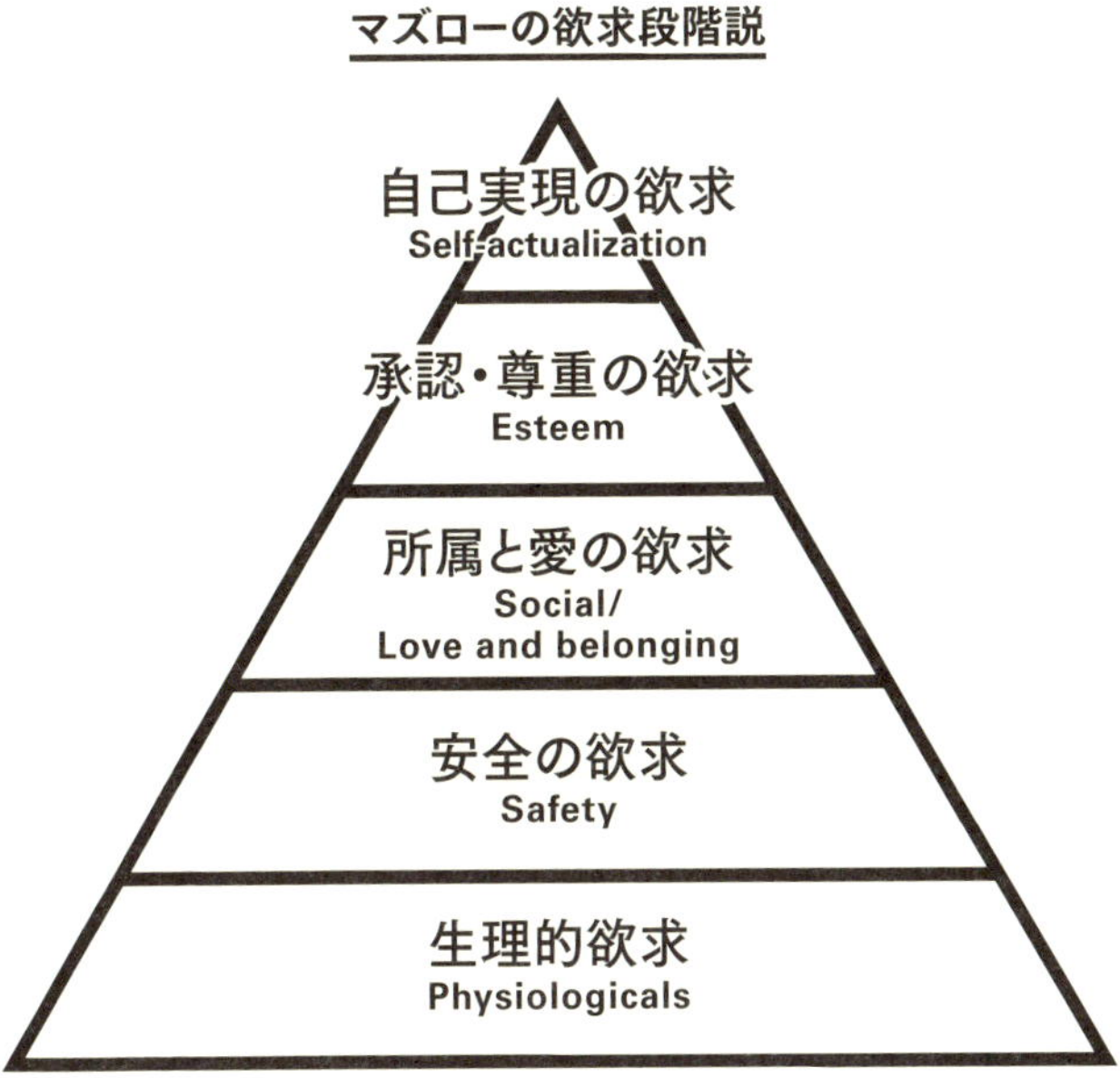

第1階層の「生理的欲求」は、生きていくための基本的・本能的な欲求である食べたい、寝たいなどです。この欲求を満たされた人は、次の階層「安全の欲求」を求めます。「安全の欲求」には、危機を回避したい、安全・安心な暮らしがしたい（雨風をしのぐ家・健康など）という欲求が含まれます。

この2つの階層の欲求はいわゆる「衣食住」とも考えられます。

いまの日本では分不相応な欲望を持たない限り、この階層の欲求が満たされていないことはあまりないでしょう。

「安全の欲求」が満たされた人は、仲間が欲しくなったりという「所属と愛の欲求」を求めます。この欲求が満たされないとき、人は孤独感や社会的不安を感じます。

「所属と愛の欲求」が満たされると、次に他者から認められたい、尊敬されたい、一目置かれたいという「承認・尊厳の欲求」が芽生えてきます。

そして、最後に自分の能力を活かして暮らしたい、活動したいという「自己実現の欲求」が生まれます。

「マズロー面談」ケーススタディ

私は、日常の産業医面談で面談者をこの欲求段階説に当てはめて考えることがよくあります。

たとえば、ある30代後半の中途採用で半年目の独身女性社員が、「部門の仕事の効率改善のために、さまざまな提案をしているのに、ことごとく却下される。最近は無視される。みんなどうして（部門の人たちのことを思って提案しているのに）私の言うことをわかってくれないの？」

と産業医面談に来たことがありました。

この女性社員は、第4階層の「承認・尊厳の欲求」が満たされないことにストレスを感じていたという自覚でした。

過去の職場でも同じような状況が数回あり、そのたびに「こんな職場、やってられない」と転職を繰り返していたそうです。

よくよく話を聞いてみると、とくにプライベートで仲のいい友人はおらず、いつも自分の所属、仲間を求めている心理状態が次第にわかってきました。

彼女としては、自分がしっかりと職場に所属し、（新しい仲間に）気に入られたいがために、常に改善の提案を出してきたそうです。

そのために他人から疎《うと》んじられていた。

その結果いつまでたってもその職場に仲間ができず、第3階層の「所属と愛の欲求」が満たされていなかった。それがますますの改善提案となり、周囲に嫌われるという負のスパイラルになっていた状態でした。

そこで、まずは3週間、職場に改善提案せずに生活すること。それができたら続けて3ヵ月間やってみることを約束しました。3ヵ月後には職場にとけ込めて、仲間もできて、必ずしも業務改善ポイントが気にならなくなってきたようです。

彼女は「新しい会社のみんなが慣れた伝統的やり方」として割り切って過ごせるようになったと、現在はハッピーに過ごしています。

もう1つの例は48歳の管理職男性、既婚、小学4年生と中学2年生の父親です。20年以上この会社に勤め、会社にある運動部の主将でもあり、社内ではそれなりに頼りにされ尊敬も集めている方でした。

しかし、1年前からどうしようもない不安に駆られて、夜に眠れないときがあると産業医面談に来られました。

この男性は現在の会社、役職、役割に満足しており、また社内での自分の評価（頼り甲斐のある上司であること）も知っていました。

第2～3階層は満たされていたわけです。

とくに、いま以上の「自己実現の欲求（第5階層）」もなく、ご自身としては調子が悪くなる理由は心当たりがないとのことでした。

しかし、何回か話すうちに数年前に会社でリストラがあったときに、同期の何人かが辞めていったことが大きく影響しているようでした。

リストラのあとで家を引っ越した（所有から賃貸へ）友人、子どもの進学の選択肢から私立をなくした友人などの話を聞くにつれ、ご自分の経済状態もいつまで続くのか不安が生じたようでした。

第2階層の「安全の欲求」に不安があれば、いくらその上層の欲求が満たされていても、精神的健康ではいられない可能性があることを感じさせられる症例でした。

このように職場でコミュニケーションを取る際にも、マズローの欲求段階説を頭に入れながら聞くことは有効です。

「怒る」と「叱る」を勘違いしない

コミュニケーション論によくある「怒り方」の技術を学んでも、問題は解決しないことは多々あります。

なぜならば、テクニックよりも、それを使うマインド（心構え）が大切だからです。銃の撃ち方を知ることも大切ですが、その前に、銃を打つうえでのマインドこそ大切です。

テクニックを学んでも、結局はその根底にある**マインドを学ばなければ、職場のハラスメントをはじめとする人間関係のストレスはなくなりません。**

そもそも、正しい〝怒る〟マインドを学べば、職場においては怒ることはほとんどなくなります。

「自分の価値観と相手の価値観が異なったとき、それが譲れないとき、それは怒るべきときだから怒っていい」と考えている管理職は意外にも多いですが、こういった人がメンタルヘルス不調者の上司であったというパターンを何度も経験しています。

この上司たちと話してみると「部下が間違えた」「部下はこうあるべきだった」と丁寧に説明してくれることがあります。決して感情に任せて怒ったのではないことが伝わってくる方もいます。

しかし、どのように冷静に怒ったとしても、価値観の相違を理由として怒ることは、あくまでも**上司の価値観と部下の価値観の相違であり、どちらが本当に正しいのかは、誰にもわからない場合もあります。**

概して、当事者はみんな自分の価値観に沿ってやっているだけなのですから、自分が正しいと考えています。

一方、リーダーシップのある上司、メンタルヘルス不調者を出さない上司、ハラスメント被害者を出さない上司は、滅多なことで部下を怒ったりしません。

しかし、部下を「叱る」ことはあります。

ここではまず「怒る」と「叱る」の違いを知り、どのようなときに怒っていいのかを押さえましょう。

「怒る」は自分本位、「叱る」には相手がいる

まず「怒る」ですが、これは自分だけでもできる行為です。

自分で自分に怒るぶんには誰も文句は言いません。

怒るは、自分で完結していただければ誰にも迷惑はかけません。

しかし「叱る」には、必ず相手が必要です。

相手を必要とする行為である「叱る」には、そのぶん他人に対する責任をしっかりと認識しておこなう必要があると言えます。

何が言いたいかというと、**「叱る」ときには、「怒る」ときよりもしっかり考えておこないましょうということです。**

元プロテニスプレーヤーの松岡修造さんは、日めくりカレンダー『まいにち、修造！』（ＰＨＰ研究所）のなかで、

「叱る」のなかには「期待」があるというメッセージを掲げ「『怒る』とは自分の感情を相手にぶつけること。『叱る』とは相手のことを思い、注意することだ」と述べています。

これには私も同意見です。

「怒る」ときに相手を〝承認〟すると、それは「叱る」になると私は考えます。

怒るとは、大声を出したりとか声を荒々しくしたりとか、相手を怖がらせたりとかよく表現されますが、そういう「怒る」は自分自身に対してはするぶんにはＯＫだと思います。また、「怒る」という感情の表現方法として、泣く、叫ぶなども自分に向けている場合は問題ありません。

怒りの基準、つまり「どの程度までを許容し、どの程度を超えたら怒るか」は人そ

れぞれです。

自分の価値観に沿って考えて行動し、この一線を超えたら怒る。だからこの一線を周囲の人が超えないように「見える化」しておくことが有効なこともあります。

しかし忘れてはならないのは、その一線も自分の価値観であり他人が本当に納得しているとは限らないということです。

そのためにも、お互いの「怒る基準や許容範囲＝価値観」を普段からよく話し合っておくことが大切です。

その際は、自分の価値観を大切にするだけでなく、相手（他人）の価値観も尊重するのは言うまでもありません。

大切なのは**「正義は人の数だけある」**ということです。

つまり何を正しいと判断するか、どこまでを譲れるとするかなどは人それぞれで、本来変えられないものなのです。

大きいスケールで言えば、宗教や文化圏が異なれば何が正しいかは異なります。

身近な例で言っても、会社が異なれば文化が異なり「正しい」の基準は異なります。

立場が異なればこのような価値観（正義）は、立場の数だけあるのです。

私が産業医としての経験から感じるのは、まだまだ自分の基準や許容範囲＝価値観＝正義を超えたから怒る人が多いことです。

「怒っていいとき」の3つの条件

では、どのような基準で怒ったり叱ったりすればいいのでしょうか。

認知科学者の苫米地英人さんは著書『「怒らない」選択法、「怒る」技術』（東邦出版）のなかで、「怒っていいときはほとんどない」と述べています。

怒っていいのは、

（1）相手に過失があり

（2）自分がそれによる不利益を被り

（3）さらにその過失が想定外だったとき

以上の3つを満たしたときだけだということです。

そう考えるなら、大概のことは想定内ですから、怒るよりも自分のほうを変えましょうということになります。

相手に向けて怒るのは、想定外のことで自分が不利益を被り、その過失が相手にあるときのみとすれば、よほどのことがない限り怒っていいときは少ないでしょう。

彼の唱える「怒っていいとき」の説というのはつまり、他人のせいにしないで自己責任として、自己反省や自己成長につなげようという発想なのではないでしょうか。

自分と相手の「正義」（価値観）が異なっただけで、相手を怒ったり叱ってはいけません。いくら怒り方のテクニックを学んでも、そもそも怒る判断基準に納得がなければ、その怒るに自己満足する人もいる一方、怒られたほうには不満、ストレスがたまってしまうのですから。

正しい叱り方の法則

では実際に怒ったり叱ったりするときはどうすればいいのでしょうか。

怒り方、叱り方も人それぞれだと思います。

大切なことは「怒る」は相手がいなくてもできますので「怒る」のなかには相手の承認は不要（なくても相手を怒ることができる）ですが「叱る」のなかには相手の承認が必ず必要であるということです。

相手を承認したうえで怒るためには、次の「しかりぐせ」を守っていただきたいと思います。

これは部下を叱るときに「守ってほしい項目」をまとめ、最初の一文字を並べたものです。

文字通り「し・か・り・ぐ・せ（叱り癖）」としてみました。

部下を叱るときに守ってほしい「し・か・り・ぐ・せ」

「し」→身体的接触は絶対禁止

多くの会社でパワハラかどうかの認定をするときに最初の基準となるのが、身体的接触があったかどうかです。直接叩いたりするのはもちろん、ペンなどで叩く、ものを投げるというのも絶対にやってはいけないことです。

たとえば、ふだんなら肩をポンポンと軽く叩くのが問題にもならないところ、関係がまずくなると「小突かれた」とか、女性なら「触られた」となってしまう可能性があるからです。

「か」↓過去は責めずに、隔離《かくり》し2人で

過去は責めても変えられません。

過去に何かあったのなら「今後はどうするの？」という未来の話にしましょう。

過去を変えることはできなくても、そこに与える意味づけを変えることはできます。

過去を学びや教訓とすることに目を向けましょう。

それから部下を叱るときに人前ではなく2人でというのは基本ですが、これが意外とできていない会社は少なくないようです。

実際にあった例ですが、ある外資系の金融企業に、日本の三大銀行の1つで30年くらい勤めた女性が転職してきて、私のところに産業医面談にやってきました。

「なぜ面談に来たのですか？」と訊ねると、人事から「ストレスがたまっているかもしれないので面談に行くように」と言われたとのことです。

そこで話を詳しく聞くと、その女性はあるとき部下を大勢の前でフロア全体に響き渡るような声で叱ったというのです。

フロアが〝しーん〟と静まりかえってしまい、あとから人事に呼び出されたそうで

すが、彼女には何が問題なのかわかっていませんでした。

じつは彼女が前にいた銀行では、叱るときは「ほかのみんなにも聞こえるように」というのが普通で、そうしないと何がいけないのかまわりにわからないからという理由だったそうです。そこで私のほうで「なるほど、でもこの会社の企業文化は違うんですよ」と話して納得してもらったことがあります。

日本企業は外資系と比べて「隔離し2人で」というのができていないようですので意識してみてください。相手のメンツやプライドも考えて叱りましょう。

「り」↓理論的に

感情的になってはいけません。それには、次の「ぐ」を守れば可能です。

「ぐ」↓具体的に

何に対して叱るのか、ほめるとき以上に叱るときは具体性が大事です。

そうでないと、何で叱られているのかわからないということになりかねません。

また、ほめるとき同様、できるだけ早くということも大切です。

「せ」↓性格を責めない

事実に対して叱るべきであって、性格を責めるのはNGです。

これも私の知っている一例ですが、30代半ばの女性管理職が、20代後半の女性職員に対して雷を落としたことがありました。

若い職員は遅刻が多く、また短いスカートに胸元の開いたトップスといった格好が多かったのですが、管理職の女性はあるとき、職場でみんなの前で、

「いつも遅刻してきて、どういうつもり！　やる気あるの？　ないの？　格好からしてだらしないのよ、その性格から直しなさい！」

と怒鳴ったのです。

このとき、身体的接触はなかったので「し」はOKですが、遅刻してきたその場ではなく過去の積み重ねを問題とし、隔離もしていないので「か」はできていません。

感情的に叱りとばしているので「り」もダメです。「ぐ」は、遅刻のことは具体的ですが服装のことは言わずにそれも含めて「だらしがない」と決めつけているので、これもNGです。そして「せ」は、性格を直しなさいなどと言っても効き目があるはずがありません。

このように見てみると「し・か・り・ぐ・せ」のできていない、よくない叱り方だというのがおわかりいただけると思います。先の某企業の若い女性社員自殺の事件では、自殺した女性は上司から「髪ボサボサ、目が充血」「女子力がない」などと言われていたそうですが、こういう業務に関係ないことで叱るのももちろん論外です。

「怒る」と「叱る」の違い、また叱るときの方法は奥が深いのです。

まずは、そこに相手を承認している気持ちがあることを大切にしてください。

「いま・ここ・私」を意識する

そして、実際に相手を承認しているとき＝叱るとき、私は「し・か・り・ぐ・せ」

以外に3つのことを意識することを提案しています。
それは「いま、ここ、私」ということです。

① いま叱るべきか

② この場所・この場面で叱るべきか

③ そして私が叱るべきか

この3つを、叱る前に考えてみましょう。

叱るべきときは、本当に「いま」なのでしょうか。
自分も相手も興奮していては、効果的には叱れません。
一呼吸置いてからでは遅いのでしょうか。

叱るべきは、この場所、この場面でしょうか。
場所を変え、まわりに人がいないほうがいいのではないでしょうか。

そして、叱るべきは、本当に「私」なのでしょうか。

なぜ私が、叱るべきなのでしょうか。

個人として適任だから？　それとも、たとえば上司という役職のため？

もし部下の失敗であなたが不利益を被っていないのであれば、あなたが叱らなくてもいいのかもしれません。


失敗によって会社が不利益を被り、会社の代表としてあなたが叱るのであれば、そこにあなたの個人的感情が入る理由はありません。あなたは、部長などの役職者として部下を叱るべきであり、個人的感情から叱るべきでないのは前述の通りです。役職で叱るのですから、そこには個人的感情は不要です。

感情的になってしまうのは、己の修行の足りなさだと認識さえできればいいのです。

「し・か・り・ぐ・せ」を必ず守り、「いま、ここ、私」を意識することが、上手な叱り方につながりますので、覚えておいてください。

状況に応じた対処法を頭に叩き込んでおく

悩みや不安を抱えた人やメンタルヘルス不調者との対話に際して、状況によってはしっかり対処すべきだということをお伝えしたいと思います。

それには大きく分けて5つのことを意識しておいてください。

5つの対処法

（1）共感しても共鳴しない

話している内容が深刻だと、自分も一緒に落ち込んでしまうということがあります。相手が自分と似た境遇だったり生い立ちだったりすると、相手と自分を切り離して考えられないということはベテランのカウンセラーでもありえます。

共感して一緒に泣いてしまうということもあるでしょう。

共感というのは、相手の気持ちを受け止めて、こちらから相手の感情を理解しようと積極的にすることですからそれはよいのです。

でも「共鳴」というのは、あちらが揺れればこちらも振動してしまう、相手に振り回されてしまうという受動的なことですからよくありません。

注意していても、もしそうなってしまった場合は、話を聞くのは1日に1人とか、リカバリーできるようになんらかの対応を考えておくとか、自分の無理のない範囲内でコミュニケーションをとっていただけるとよいと思います。

（2）拒否にも対処できるようにする

気になって「ちょっといいですか？」と声をかけても、「イヤ、いいです」と拒絶されることもあるでしょう。対処法はケース・バイ・ケースですが、たとえば一度拒否されても、1～2週間後くらいにもう一度「やっぱり気になるんだけれど」「前にも声をかけさせてもらいましたが、やっぱりちょっといいですか」などと声をかけてみるとよいでしょう。

何度も拒絶する人に対しては個別に対策を何か考えなくてはなりませんが、1回拒否されたからそれで引いてしまうということのないようにしてください。

(3) つなぐ

相手が拒否したとしても「やっぱり大変そうだな……」と思ったら組織としてなんらかの対処をすべきときがあります。

医者に行ってもらったほうがよいのではないか、通勤させること自体が危ないのではないか、この業務に就いていては事故につながるのではないか、などというときは医師やカウンセラーにつなぐなど、毅然と対処しなければなりません。

ただし、部下に何も言わずに産業医のところへ行って部下のことを相談すると、産業医もしくは健康管理士からその部下に連絡が行ったときに「誰が私のことをチクったんだ！」というモードになり、殻に閉じこもってなかなか話をしてくれないということになる可能性があります。

ですから「ちょっといいですか？」と声をかけて「イヤ、いいです」と2回以上拒否された場合は「いや、私の立場ではあなたのこういうところが気になるし心配だから、あなたが自分で対処できないなら私から産業医のところへ相談に行きますよ」と伝えたうえで、実際に面談に行って気になる部下のことを教えてください。

そんなふうに言われれば、たいていの人は上司から産業医面談で自分のことを伝えられるよりも、自分から面談に行こうと思うものです。

相手から拒否されたら「あなたのことが心配だから私が産業医面談に行くよ」と、ぜひ伝えていただきたいと思います。

上司にまず求められることは、最初に気づくことです。

健康管理室や人事の人は、いつもすべての人を見ているわけではありません。

そういう立場の人が気づかないことを上司ならではの立場で察知して、適切な人、役職、場所、つまり健康管理士や産業医につなぐということが大切なのだという意識をぜひ持っていただきたいと思います。人事にはわからない、上司にしかわからないことに気づいて、つなぐということの大切さを強調したいと思います。

(4)緊急性がある場合

「緊急性」ですが、たとえば自殺の恐れなどはもちろんそれに該当するでしょう。

「みる・きく・はなす」技術によるコミュニケーションの目的は、決して直接に相手を救うことではありません。相手を救おうと思うと、上司も人事担当者もなかなかメンタルヘルス不調者と話すことができないでしょう。救うのではなくて、話を聞いてあげて必要に応じて専門家のところにつなぐのがコミュニケーションの目的です。

ただし、手に負えないというような緊急性、たとえば自殺の恐れがあると判断されるような場合は、本人とのコミュニケーションを飛ばして産業医に連絡するなり、ご家族に連絡するなり本人に「休め」と言うなり、素早い対処が必要です。

（5）確信が持てない場合はどうするか

部下のことを「ちょっといつもと違うな、まずいんじゃないかな？」と感じているけれども、自分の判断に自信が持てないときにどうしたらいいか。

そういうときは、部下の同僚など近い人に「あの人、最近元気ないように見えるけど、どう思う？」と聞いてみてください。聞かれた人が「私もそう思います」と答えるようなら、「ちょっといいですか？」と声をかけるべきときです。

「あの人、大丈夫かな」と思って「ちょっといいですか？」と声をかけてみて、まったく大丈夫だったというのはよくあることです。それはＯＫです。怖いのは「様子をみてみよう」と放っておくうちに、深刻な事態になってしまうことです。

私はもともと外科医なので、その例でお伝えしますが、たとえばお尻から出血があったというのはほとんどの場合「痔」です。けれども、１０００人に１人かもしれない「大腸ガン」を疑い、お尻からの出血があった人には大腸内視鏡検査をすすめるのです。結果として「ガンじゃなかった、よかったね」ということが日常茶飯事ですが、空振り三振はアリということです。

おわりに

「承認」がすべて解決する

最後までお読みいただいて、どうもありがとうございました。

本書でお伝えした「みる・きく・はなす」技術は、それぞれ独立した技術だけという訳ではありません。複雑に絡み合ってもいるのです。

相手をみるためには、目で見る以外のこともしなくてはなりません。

相手を知るために、きく。

相手のことを説明できるようになるために、はなす。

相手にきくためには、黙って相手をみることも大切です。相手をほめるために相手をみれば、粗探しではなく、いいところに目がいくものです。それが自然と良好な関係性を構築し、相手に華咲かせることにつながります。

また、新しい視点や気づきを与えるためには、きく以外に、はなすことも必要です。相手とはなすためには、ほめるべきところを見つけたり、相手の能力を見極めたり、そして、主体性を持ってもらえるように気づきを与えたりする必要があります。

そのすべての技術の根底にあるのは「承認」です。

自ら選んで入った会社で、多くの人はその会社内で認めてもらいたい、尊重してもらいたいと考えています。自分が認めてもらえる環境、尊重してもらえる環境に対してがんばるので、ときに我慢もできるのです。

その環境にやりがいを見出すのです。

がんばるストレスを抱えている人に「がんばってね」ではなく「がんばっているね」、我慢のストレスを抱えている人に「我慢してね」ではなく「我慢しているね」、この**相手の状態をわかっている=承認しているということを伝えるだけで、人は救われるのです。**

根本的な原因が解決できることが最善であることは言うまでもありませんが、原因が解決できないことが多い世のなか、この「認めてもらえた」「わかってくれている」ということが、不安や悩みやストレスを持つ人たちを元気づけたり、救ったりするのです。

メンタルヘルス不調者を出さない上司、多くの部下が慕うリーダーシップのある上司、彼らに共通するのは、この「承認」という気持ちだと思います。

この気持ちが、「みる・きく・はなす」技術に表れているのです。

あなたが子どものころ、幼稚園や学校の先生に「先生」と声をかけたら、その先生はどうしてくれましたか？

あなたの印象に残っているいい先生は、きっと、腰を曲げて、膝を地面につけて、あなたと同じ目線になって、手を止めてあなたの話を聞いてくれたと思います。

ときに、あなた自身が新しい知見を得られるように質問をしてくれたかもしれません。がんばれるように応援してくれたと思います。

そんなあなたは、先生に対して安心感・信頼感を覚えていたと思います。

これが「承認」です。

2年前に始まったストレスチェック制度ですが、私の産業医としての経験では、高ストレス者の多くは、単に残業時間が多い人ではありませんでした。

残業時間が短くても精神的ストレスを持っている人は多くいます。

そして、産業医として1万人以上の働く人と面談をしてきた私の経験上、そのような人たちに共通するのが、この「承認されたい」という欲求なのです。

あなたもまず、周囲の人のことを承認してあげてください。

職場のストレスが消えるコミュニケーションは、そこから始まります。

医学博士・武神健之

著者プロフィール

武神健之（たけがみ・けんじ）

医師、医学博士、日本医師会認定産業医。神戸大学医学部卒、東京大学医学部大学院卒。一般社団法人日本ストレスチェック協会代表理事。

ドイツ銀行グループ、BNPパリバ、ムーディーズ、ソシエテジェネラル、アウディジャパン、BMWジャパン、テンプル大学日本校、アプラス株式会社、日本風力開発株式会社といった一流企業を中心に、年間1000件以上の健康相談やストレス・メンタルヘルス相談を実施。働く人の「こころとからだ」の健康管理を手伝う。2014年6月には、一般社団法人日本ストレスチェック協会を設立。「不安とストレスに上手に対処するための技術」「落ち込まないための手法」などを説いている。

著書に『不安やストレスに悩まされない人が身につけている7つの習慣』（産学社）、共著に『産業医・労働安全衛生担当者のためのストレスチェック制度対策まるわかり』（中外医学社）がある。

職場のストレスが消える コミュニケーションの教科書
―上司のための「みる・きく・はなす」技術

2017年4月1日　第1刷発行

著　者　　武神健之

発行人　　櫻井秀勲
発行所　　きずな出版
東京都新宿区白銀町1-13　〒162-0816
電話03-3260-0391　振替00160-2-633551
http://www.kizuna-pub.jp/

印刷・製本　モリモト印刷

ISBN978-4-907072-95-7

きずな出版

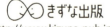